기적의 1분 영어

강용상 지음

『로미오와 줄리엣』에서 BTS의

〈다이너마이트〉까지: 열 개의

학위를 가진 영문학박사가

알려주는 기적의 영어 공부법

하루에 1분씩만 읽어도 내용이
머리에 쏙쏙 들어오는 영어의
기적을 체험하라

도서
출판 행복에너지

이 책은 크게 5개의 장으로 구성되어 있습니다.

◎ **제1장** 영어를 공부하는 이유와 영어 공부 방법에서는 먼저 영어를 공부하는 이유에 대해 정리했습니다. 영어를 안다는 것은 알라딘의 마술램프를 가지고 있는 것과 같습니다. 국제 비즈니스에서 영어가 필요한 것은 두말할 나위가 없고 외국의 기술, 과학, 문화를 이해하기 위해서 영어는 필수입니다. 영어는 이제 힘의 언어가 되었습니다. 두 번째로 영어 공부 방법에서는 크라셴의 모델을 기반으로 다양한 영어 공부 방법에 대해 정리했습니다.

◎ **제2장** 문학과 노래를 통한 영어 공부에서는 첫째, 2020년 노벨문학상 수상작 〈눈풀꽃〉에 나오는 단어와 영어 표현들을 정리했습니다. 둘째, 2020년 빌보드 차트 1위곡, 방탄소년단(BTS)의 〈다이너마이트〉에 나오는 단어와 영어 표현들을 정리했습니다. 셋째, 셰익스피어의 희곡 『로미오와 줄리엣』에 나오는 대사들을 통해 영어 표현들을 정리했습니다. 넷째, 2020년 트로트 히트곡, 가황 나훈아의 2020년 트로트 히트곡 〈테스형〉을 통해 영어 표현들을 정리했습니다.

🎯 **제3장** 영어 실전 문제 테스트에서는 먼저 나의 영단어 실력은 어느 정도인지 알 수 있는 영단어 실력 테스트를 도표와 함께 정리했습니다. 두 번째로 영어 공부를 할 때 중요한 반의어에 대해서도 도표로 정리했습니다.

🎯 **제4장** 영어 공부 전략에서는 학습 과정에서 이루어지는 학습 방법과 관련된 전략에 대해 정리했습니다. 첫째, 인지전략을 통한 영어 공부 전략에서는 영어 공부를 사고와 학습 그리고 기억의 측면에서 정리했습니다. 둘째, 이야기 영단어 암기 전략에서는 영단어들을 쉽게 외우는 영단어 기억술을 통한 영어 공부 전략을 정리했습니다.

🎯 **제5장** 기적의 1분 영어에서는 영어를 속담, 약어, 용어, 영화 명대사, 관용적 표현 등으로 분류해서 영어를 중심에 놓고 한자, 유머, 난센스 퀴즈, 상식, 콩글리시 등을 함께 공부할 수 있게 정리했습니다. 이처럼 기적의 1분 영어에는 우리가 잘 알고 있는데 영어로 쓰지 않는 표현들이 많이 나옵니다. 이 책이 여러분의 영어 실력 향상에 도움이 되리라고 확신합니다.

또한 '브레이크 타임' 코너에서는 동서양 비교문학, 다양한 어원, 상식 등을 통해 독자들이 다양한 상식들을 저절로 읽어갈 수 있도록 정리했으며, 이 책의 마지막 부분인 부록 부분에서는 기적의 1분 영어 단어 및 문장 328개의 원문과 뜻을 정리했습니다. 도표의 왼쪽 부분에는 기적의 1분 영어의 원문이 있고 부록의 오른쪽 부분에는 번역이 있습니다. 따라서 오른쪽 번역 부분을 가리고 영어 표현을 쓸 수 있는 연습을 하거나 왼쪽 원문을 가리고 우리말로 번역하는 연습을 하면 영어 실력 향상에 많은 도움이 되리라고 확신합니다.

기적의 1분 영어를 출간하시느라고 수고해 주신 행복에너지의 권선복 대표님과 관계자에게 깊은 감사를 드립니다. 책의 추천사를 써주신 김옥례 교수님, 김언종 교수님, 강나경 교수님, 김영욱 선생님, 최병준 학장님, 배한성 성우님 외 여러분들께 감사드립니다. 이 책의 영어 표현들을 감수해주신 아주대의 스캇(Scott Scattergood) 교수님께도 진심으로 감사드립니다. 묵묵히 책 쓰기 작업을 지켜봐준 아내와 뜨거운 여름 이 책의 출간에 도움을 준 대학생 조카 전혜정양에게도 고마움을 전합니다. 이 책을 통해 여러분의 영어 공부에 기적이 찾아오리라고 굳게 믿습니다.

2021년 10월 12일

영문학박사 장웅상

A B C D E

Apple

Bee

Dog

F G H I J

Flower

Juice

Giraffe

K L M N O

Orange

Lemon

P Q R S T

Rocket Star Travel

Penguin

Fox

U V W X Y Z

기적의 1분 영어

....

제1장

영어를 공부하는
이유와 영어 공부 방법

1. 영어를 공부하는 이유

어느 새끼 쥐가 고양이에게 잡아먹힐 위기에 처하자 엄마 쥐가 "멍멍" 하고 외쳤다. 고양이는 개소리가 나서 놀라서 도망갔다. 새끼 쥐가 엄마 쥐에게 "멋져요"라고 하자 엄마 쥐가 말했다.

"요즘 세상에는 외국어 하나쯤은 해야 먹고 살아."

고양이에게 "야옹"은 모국어이고 "멍멍"은 외국어이다. 언어학자인 데이비드 그래덜은 애든버러에서 열린 국제교육학 세미나에 참석해서 앞으로 영어를 사용하는 인구가 30억 명에 이를 것이라고 말하며 그 이유를 다음의 세 가지로 제시했다.

첫째, 인터넷이 전 세계적으로 확산되면서 세계 정보의 80% 이상
이 영어로 유통되는 현상
둘째, 세계의 정치 경제적인 변화
셋째, 세계 여러 나라의 어문정책

　그는 세계 여러 나라들은 경쟁에서 이기기 위해 어려서부터 영어
를 배우고 대학들은 영어로 수업하게 될 것이며 많은 나라들이 두 개
이상의 이중 언어를 사용할 것이라고 말했다. 또한 영어와 함께 제2
외국어로서는 중국어, 스페인어, 아랍어가 세계적인 언어로 번창하
게 될 것이고 2015년에 전 세계 인구의 절반이 영어를 사용할 것이라
고 말했다.

　영어를 안다는 것은 알라딘의 요술램프를 가지고 있는 것과 같
다. 국제 비즈니스 업무에도 영어가 필요하고 영어를 잘 알면 외국의
기술, 과학, 문화 등을 쉽게 이해할 수 있다. 또한 해외여행, 대학원
입학, 승진이나 취업에서도 유리하다. 따라서 영어의 필요성은 아무
리 강조해도 지나치지 않다.

2. 영어 공부 방법

크라센(Krashen)의 i + 1 모형에 따르면, 외국어 특히 영어는 밖에서 부여되는 동기보다는 내면에서 부여되는 동기가 강할 때 학습이 훨씬 더 잘 이루어진다. 이를 내적 동기라고 한다. 내적 동기를 잘 형성하기 위해서는 문학작품의 강독을 통한 영어 학습이 중요하다.

크라센은 외국어 학습자가 외국어를 잘 학습하기 위해서는 이해 가능한 입력이 중요하다고 말한다. 이해 가능한 입력이란 어떤 단어 등에 관한 배경지식을 의미한다. 크라센은 이해 가능한 입력을 i + 1이라고 말했다. i는 학습자가 가지고 있는 현재의 학습능력을 의미한다. 크라센의 감시자 모형의 핵심적인 가설이 바로 입력 가설(The Input Hypothesis)이라고 할 수 있다. 자연적 순서 가설에 의하면 외국어의 자연적인 습득환경에서는 문법구조의 습득에는 자연적인 순서가 존재한다. 크라센은 문법을 초기 단계에서 습득 단계로 진행하려면 이해 가능한 입력(comprehensible input)이 매우 중요하다고 이야기한다. 이해 가능한 입력은 쉽게 말해서 배경지식이라 할 수 있다. 배경지식을 획득하기 위해서는 다양한 분야의 책들을 많이 읽는 것이 매우 중요하다. 특히 문학작품을 원서로 읽는 것은 배경지식의 습득은 물론 언어에 대한 이해에도 큰 도움이 된다.

문학 작품들을 원서로 읽는 것은 다양한 영어의 표현들을 익히는 것이다. 이를 통해 상상력이 향상된다. 오늘날 영상 매체는 하루가 다르게 발달하고 있다. 그러나 문학작품은 영화를 보는 것과는 또 다른 즐거움이다. 문학작품을 영어로 잘 읽게 되면 작품 강독의 즐거움과 그로 인해 파생되는 영어의 즐거움 두 가지를 얻을 수 있다.

영어를 공부할 때에는 영어 자체만 공부한다는 생각을 버리고 영어를 태양이라고 생각하고 영어를 중심으로 국어, 사회, 수학, 과학 등이 자전과 공전을 한다고 생각하라. 쉽게 말해서 통합교과적으로 영어를 공부하는 것이 매우 중요하다. 영어를 공부할 때 어원을 통해서 공부하는 것도 좋은 방법이다. 팝송이나 가요와 같은 노래를 통해 영어를 공부하라. 영시를 공부할 때에는 큰 소리로 낭송하며 공부하라. 또 길을 가다 보이는 주변 간판들, 상표, 자동차의 이름, 영화 제목 등도 중요한 영어 공부의 재료들이다. 영어 공부는 단거리 경주가 아니라 장거리 마라톤이다. 처음부터 전속력으로 달리면 페이스 조절에 실패한다. 즐기면서 영어 공부하는 것이 영어를 잘하는 지름길이다.

☕ 브레이크 타임

알함브라(alhambra)의 뜻은 이슬람 언어로 무엇일까?

알함브라 궁전은 스페인의 그라나다에 위치한 이슬람 궁전이다. 알함브라는 이슬람 언어로 빨간 벽돌이라는 뜻이다. 이슬람인들이 알함브라 궁전을 지을 때 빨간 벽돌을 사용해서 만들어진 이름이다. 스페인에 이슬람 궁전이 있다는 것이 흥미롭다. 스페인 그라나다에 800년 동안 거주한 이슬람인들의 문화가 잘 드러나 있는 곳이 바로 알함브라 궁전이다. 이곳에 있으면 스페인 속의 이슬람 세계로 빠져들게 된다.

알함브라 궁전의 면적은 총 33000제곱 km이다. 이곳에는 왕과 왕자, 공주 그리고 왕비 등을 포함하여 군인 3천 명이 거주했다. 알함브라 궁전의 천장에 있는 커다란 원형은 우주를 상징한다. 바닥의 사각형은 알라신을 상징한다. 궁전에 들어가면 문이 두 개가 있는데 한쪽 문은 아주 화려하고 또 한쪽 문은 비밀스러운 통로이다. 만약 적들이 궁에 침입하면 왕은 어느 쪽 문으로 향할까? 적들은 궁의 화려함에 유혹되어 화려한 곳으로 향했고 이때 왕의 호위무사들이 적들을 죽였다. 왕은 단순한 문 쪽에 거주했다. 알함브라 궁전은 20세기에 세계문화 유산에 등재되었다.

궁 내부에 12마리의 사자들이 있는데 사자는 세 마리씩 같은 모습이다. 그것은 각각 봄, 여름, 가을, 겨울을 상징한다. 미국의 작가 워싱턴 어빙이 이곳을 방문한 후 『알함브라 동화』라는 책을 썼다고 한다. 영어를 공부하다가 지치면 잠시 쉬면서 멋진 클래식 음악인 〈알함브라 궁전의 추억〉을 감상해 보는 것도 좋은 방법이다.

▼〈알함브라 궁전

제2장

ACB

문학과 노래를 통한 영어 공부

1. 문학: 2020년 노벨문학상 수상작, 루이즈 글릭의 〈눈풀꽃〉

2020년 노벨 문학상을 받은 미국 동부 출신의 여류시인 Louise Glück(루이즈 글릭)의 작품 중 유일하게 한국어로도 번역된 시가 Snowdrops이다. Snowdrops의 한국 이름은 '눈풀꽃'이고 한문으로는 雪降花(설강화)이다. 눈 내리는 꽃이라는 뜻이다. 어느 나라 이름을 붙이든 이름이 아주 예쁘다. 눈풀꽃은 이른 봄에 땅속 구근에서 핀다. 작은 수선화처럼 생긴 흰 꽃이다. 꽃말은 '첫사랑', '희망'이라고 한다. 류시화 시인은 『마음 챙김의 시』라는 시집에서 이 섬세한 시를 번역하여 우리에게 알려주었다. 암울하고 습한 겨울을 견디고 봄이 되면 가장 먼저 생명을 틔우는 꽃을 발견한 시인의 눈매가 매섭다.

Do you know what I was, how I lived? You know

what despair is; then

winter should have meaning for you.

"Do you know what I was, how I lived?"이 문장은 간접의 문문이다. 의문사 있는 의문문이 의문문이나 평서문 뒤에서 의문사 + 주어 + 동사의 어순이 되는 형태를 간접의문문이라고 한다. "내가 어떠했는가?"는 영어로 "What was I?"이다. 이 문장이 "Do you know?"라는 문장과 결합되면 "Do you know what I was?"가 된다. "You know what despair is; then~"은 "If you know what despair is~(절망이 무엇인지 안다면)"로도 바꿀 수 있다.

I did not expect to survive,

earth suppressing me. I didn't expect

to waken again, to feel

in damp earth my body

able to respond again, remembering

after so long how to open again

in the cold light

of earliest spring

영어 'expect'는 to 부정사를 목적어로 취하는 동사이다. "earth suppressing me"는 이유를 나타내는 분사구문이다. "Because earth suppressed me"라는 이유를 나타내는 부사절이 시에서 ~ing의 구문으로 바뀐 것이다. 영단어 'damp'는 '축축한'이라는 뜻으로 wet과 같은 뜻을 가진 단어이다. 'respond'는 '반응하다'라는 뜻을 가지고 있다. 'how to'는 '~하는 방법'이라는 뜻이다. 콤마(,) 다음에 나오는 'remembering'은 동시동작 상황을 나타내고 '~하면서'의 뜻을 가진다.

afraid, yes, but among you again
crying yes risk joy

in the raw wind of the new world.

'afraid'는 "Are you afraid?"에서 'Are you'가 생략된 표현이라고 할 수 있다. 'among'은 원래 '~사이에서'의 뜻을 가지고 있는데 이 시에서는 '~와 함께'의 뜻으로 해석하는 것이 좋다. 'risk'는 '~에 모험을 걸다'라는 뜻이고 동사로 쓰였다. 'the raw wind'는 직역하면 '날 것의 바람'인데 문맥적 의미는 '살을 에는 바람'으로 해석하는 것

▼눈풀꽃

이 시적인 표현이다. '살을 에는 바람'은 삶의 시련을 의미한다.

시에서 눈이나 바람은 시련을 의미하는 용어로 자주 쓰인다.

2020년에 시작된 코로나 바이러스와의 눈에 보이지 않는 전쟁이 2021년인 지금까지도 진행 중이다. 아무리 힘든 시간도 지나가는 법이다. 머지않아 인류는 코로나 바이러스를 물리칠 수 있을 것이라는 희망을 가져본다. 이렇게 한 편의 시를 꼼꼼하게 읽고 시에 나오는 문법 표현들을 공부하는 것도 영어 공부를 즐겁게 하는 방법 가운데 하나이다.

2. 노래: 2020년 빌보드 차트 1위 곡, 방탄소년단(BTS)의 〈다이너마이트〉

방탄소년단(BTS)은 한국을 대표하는 세계적인 가수 그룹이다. 2020년 미국의 빌보드 차트 1위에 오른 이 노래는 가사가 모두 영어로 쓰였다. 이 노래의 제목인 〈다이너마이트〉는 코로나19라는 힘든 시기를 밝혀주는 희망의 메시지라고도 볼 수 있다. 그럼 이 노래의 의미를 문법과 연결시켜서 해석해 보도록 하자.

Cos ah ah I'm in the stars tonight
오늘밤 나는 별들 속에 있으니
So watch me bring the fire and set the night aligh
내 안의 불꽃으로 이 밤을 밝히는 걸 지켜봐,

'cos'는 'because'를 줄여서 쓴 단어로 '~ 때문에'라는 뜻이다. 'watch'는 '지켜보다'라는 뜻을 가지고 있다. 'watch'를 '지각동사(知覺動詞)'라고 한다. '지각동사'란 알고 깨닫는 동사를 말한다. 문법적으로 지각동사 다음에 목적어가 나오고 목적어 다음에 동사의 원형이나 ~ing의 형태가 나온다. 'set the night~'은 '불타는'이라는 뜻이다.

'set the night alight'의 원뜻은 밤을 불타는 상태로 유지한다는 뜻이므로 '밤을 밝힌다'라고 해석된다.

Shoes on get up in the morn
아침에 일어나 신발을 신고

문학과 노래를 통한 영어공부

Cup of milk let's rock and roll

우유 한잔, 자 신나게 놀자,

King Kong kick the drum rolling on like a rolling stone

킹콩이 드럼을 롤링스톤처럼 연주해,

Sing song when I'm walking home

집으로 걸어가며 노래해,

Jump up to the top LeBron

르브론처럼 높이 뛰어 올라,

Ding dong call me on my phone

딩동, 나한테 전화해,

Ice tea and a game of ping pong

아이스티와 탁구 한 게임

'morn'은 'morning'의 약자로 '아침'이라는 뜻이다. 'get up'은 '일어나다'는 뜻이고 'shoes on'의 'on'은 '착용의 의미'이다. 'cup of milk'는 우유 한 컵이라는 뜻으로 문법적으로는 a cup of milk가 맞다. "let's rock and roll."은 로큰롤 춤을 추자는 뜻이다. 'rock'은 '흔들다'라는 뜻이고 'roll'은 '구르다'라는 뜻이다. 'a rolling stone'

은 '구르는 돌'이고 'rolling on'의 'on'은 '계속해서'라는 뜻이다. 'kick the drum rolling on'은 북이 계속해서 구르게 발로 찬다는 뜻으로 북을 연주한다는 의미로 의역할 수 있다. 노래를 부르다는 영어로 'sing a song'인데 이 노래에서는 a가 생략되었다. 르브론(LeBron)은 미국 NBA(National Basketball Association) 슈퍼스타로 4년 연속 올스타전 승리를 차지한 농구 선수이다. 'call me'는 "나에게 전화해."라는 뜻이다.

This is getting heavy
점점 분위기가 뜨거워져,
Can you hear the bass boom, I'm ready
울리는 베이스 들리니? 나는 준비 됐어,

영단어 'get'은 뒤에 형용사가 나오면 '~해지다'라는 뜻을 가진다. 'get heavy'는 '무거워진다'라는 뜻인데 이 노래에서는 '분위기가 뜨거워진다'라고 해석될 수도 있고 '둔탁해지고 있다'라고 해석될 수도 있다. "Can you hear the bass boom?"이라는 문장에서 'hear'는 지각동사이고 'bass'는 목적어이고 'boom'은 동사의 원형이다.

hear + 목적어 + 동사의 원형은 '목적어가 ~하는 것을 듣다'라는 뜻이다.

Shining through the city with a little funk and soul
펑크와 소울이 이 도시를 밝혀,
So I'mma light it up like dynamite, woah
다이너마이트처럼 빛나게 해줄게,

'funk'는 멜로디와 화음의 진보가 강조되는 음악의 한 종류를 말하고 'soul'은 재즈의 본래 정신을 의미하는 음악의 한 종류이다. 'through'는 '~의 전체를 통한다'는 의미이다. 'I'mma'는 'I'm going to'의 속어로 '~할 예정이다'라는 뜻이다. 'light up'은 '완전히 밝히다'라는 뜻이다.

Bring a friend join the crowd
친구들 데려와, 여기 모여 봐,
Whoever wanna come along
오고 싶은 사람 누구든지

'bring'은 다음에 사물이 오면 '~을 가지고 오다'라는 뜻이고 다음에 사람이 오면 '데리고 오다'라는 뜻이다. 'join'은 타동사로 목적어를 바로 취하는 동사이다. "우리와 함께 해."라는 문장을 영작하면 "Join with us."는 틀리고 "Join us."가 맞다. 'whoever'는 '~하는 사람은 누구든지'라는 뜻이다. 'wanna'는 'want to의 단축형'이다.

Day or night the sky's alight

낮에도 밤에도 하늘은 눈부셔,

So we dance to the break of dawn

그래서 우린 아침이 올 때까지 춤을 춰,

Ladies and gentlemen, I got the medicine so you should keep ya

eyes on the ball, huh

신사 숙녀 여러분, 고민은 내게 맡기고 집중하세요,

'break of dawn'은 '새벽'을 의미한다. 'dance to the break of dawn'은 '새벽까지 춤을 춘다'는 뜻이다. "I got the medicine

문학과 노래를 통한 영어공부

so you should keep ya eyes on the ball." 이 문장에서 "I got the medicine."은 "내가 약을 가지고 있어."라는 뜻이고 "keep ya eyes on the ball."은 "너의 눈을 공에 집중해."라는 뜻이다. 'ya'는 'your(너의)'와 같은 뜻이다.

I'm diamond you know I glow up

나는 다이아몬드야 빛나는 거 너도 알지?

Let's go

가자

'glow'는 '빛나다'라는 뜻인데 뒤에 'up'이 오면 '완전히 빛나다'라는 뜻이다.

Dynnnnnanana, life is dynamite

인생은 다이너마이트

'다이너마이트'는 강력한 영향력을 미치는 사람이라는 뜻이다. 2021년 도쿄 올림픽에서 9연패를 달성한 한국 여자 양궁 국가대표 선수들이 듣고 싶은 노래가 바로 〈다이너마이트〉였다고 한다.

3. 문학: 『로미오와 줄리엣』과 『춘향전』

『로미오와 줄리엣』은 두 사람의 죽음으로 작품이 끝나고 『춘향전』은 두 사람의 결혼으로 작품이 끝난다. 두 작품은 청춘 남녀의 사랑을 주제로 한 동양과 서양을 대표하는 작품이라 할 수 있다. 『로미오와 줄리엣』과 『춘향전』에는 당시의 사회상이 잘 나타나 있다. 東西古今(동서고금)을 통해 청춘남녀의 사랑은 변함없는 문학의 주제이다.

Juliet :

O Romeo, Romeo! Wherefore art thou Romeo?

Deny thy father and refuse thy name.

Or, if thou wilt not, be but sworn my love,

And I'll no longer be a Capulet.

오 로미오, 로미오, 어째서 그대는 로미오인가요?

그대의 아버지를 부인하고 그대의 이름을 거부하세요.

혹은, 그대가 그렇게 하지 않겠다면, 그저 내게 사랑을 맹세해 줘요.

그러면 나는 더 이상 캐플릿이 아닐 거예요.

"Wherefore art thou Romeo?"는 현대 영어로는 "Why are you Romeo?"이다. 영단어 'wherefore'는 'why(왜)'이고 'art'는 'are'이고 'thou'는 'you'이다. 셰익스피어가 살던 시대에는 주격, 소유격, 목적격, 소유대명사가 현재의 영어와 달랐다.

주격	소유격	목적격	소유대명사
은,는, 이, 가	(~의)	(~을/를)	(~의 것)
you	your	you	yours
thou(ㅎou)	thy(ㅎai)	thee(ㅎi)	thine(ㅎain)

『로미오』와 『줄리엣과 춘향전』

남녀 간의 로맨스로 유명한 작품으로 영국에 『로미오와 줄리엣』이 있다면 한국에는 『춘향전』이 있다. 두 작품의 공통점은 주인공 모두 10대의 남녀라는 것이다.

구분/작품	춘향전	로미오와 줄리엣
갈등	신분(양반과 천민)	가문(몬태규가와 캐플릿가)
결말	희극	희비극
작자	미상	셰익스피어

『로미오』와 『줄리엣과 춘향전』과의 비교

1) 공통점: 첫눈에 반한 10대들의 사랑

2) 차이점

『로미오와 줄리엣』은 두 주인공이 모두 죽으며 비극으로 끝나고 두 집안이 원한 관계인 데 반하여 『춘향전』은 두 주인공이 만나서 결혼하는 행복한 결말이고 두 집안에 신분의 차이가 있다는 점이다. 『로미오와 줄리엣』에서는 가면 무도회에서 두 사람이 이 첫눈에 반하고 『춘향전』에서는 이몽룡이 춘향의 그네 뛰는 모습을 보고 첫눈에 반한다.

『로미오와 줄리엣』에서는 줄리엣의 발코니에 로미오가 몰래 담장을 넘어 올라오는데 『춘향전』에서는 춘향이 옥에 갇혔을 때 과거에 급제한 이몽룡이 남루한 차림으로 옥중 춘향을 만난다. 사랑하는 사람과 함께 있으면 시간이 너무 빨리 간다. 로미오는 아침이 올 때까지 계속해서 줄리엣에게 슬픈 사랑을 고한다. 줄리엣은 발코니로 담을 타고 넘어온 로미오에게 "어떻게 당신은 이 담장을 뛰어 넘었죠?"라고 말하고 춘향은 감옥에 찾아온 이몽룡에게 "하늘에서 내려온 것인가요? 땅에서 솟은 것인가요?"라고 말한다.

몽룡은 광한루에서 그네를 뛰는 춘향에게 반하여 방자를 시켜 자신의 사랑을 전한다. 몽룡은 춘향과 백년가약을 맺고 한양으로 올라간다. 춘향은 변학도의 수청을 거절하고 옥에 갇힌다. 춘향은 옥중에서 몽룡을 기다린다. 몽룡은 과거에 급제하여 어사가 된 후 옥에 갇힌 춘향을 만나게 된다.

이몽룡은 변학도의 생일에 시 한수를 짓는다. 그의 시를 읽은 관리들은 급히 도망가고 얼마 후 "암행어사 출두요"라는 말과 함께 변학도는 삭탈관직을 당하고 이몽룡은 어사화를 쓰고 춘향을 만난다.

『춘향전』전은 이해조가 신소설 『옥중화』로 개작했고 현대에도 계속해서 드라마나 영화에 모티브를 제공하고 있다. 『춘향전』은 한국의 대표적인 고전이고 매년 수많은 관광객들이 광한루에서 이몽룡과 성춘향의 사랑을 느끼고 간다. 두 작품 모두 남녀 간의 순수한 사랑에 관한 내용이라는 공통점은 있지만 춘향과 몽룡은 고난을 뛰어넘어 만나는 해피 엔딩

(happy ending)이고 줄리엣과 로미오는 오해로 인해 둘 다 자살로 생을 마감하는 언해피 엔딩(unhappy ending)이다.

4. 노래: 2020년 트로트 히트곡, 가황 나훈아의 〈테스형〉

'한국 어게인'이라는 제목으로 KBS에서 방영된 2020년 추석 나훈아 단독 콘서트는 시청률이 30%를 넘었다. 나훈아는 코로나로 지친 국민들을 위로하기 위해 15년만에 KBS에서 단독 콘서트를 열었다. 나훈아의 노래 가운데 특히 화제가 된 노래가 바로 〈테스형〉이었다. 특히 이 노래의 "아 테스형 세상이 왜 이래."라는 가사는 코로나 19로 힘들어하는 국민들의 심정을 대변했다고 할 수 있다. 〈테스형〉의 테스는 바로 소크라테스를 가리킨다. 소크라테스는 고대 그리스의 철학자로 서양 철학의 아버지라고 할 수 있다. 철학자는 영어로 philosopher라고 하고 철학은 영어로 philosophy라고 한다.

철학(哲學)은 애지(愛智) 즉 지혜에 대한 사랑이다. Philos는 '사랑'이라는 뜻이고 +Sophia는 '지혜'라는 뜻이다. 소크라테스 하면 "너 자신을 알라."라는 말이 떠오른다. 이 말은 소크라테스가 한 말이 아니고 그리스 델포이 신전에 써 있던 말이다. 이 노래의 가사를 분석해 보자.

어쩌다가 한바탕 / 턱 빠지게 웃는다(4.3.4.3).
그리고는 아픔을 / 그 웃음에 묻는다(4.3.4.3).

이 노래는 4음보이고 기본 율조는 4.3조로 따라 부르기 아주 쉬운 노래이다. 이 노래의 가사는 "어쩌다가 한바탕 / 턱 빠지게 웃는다(4.3.4.3)"로 시작된다. "턱 빠지게 웃는다." 를 영어로 무엇이라고 할까? "I laugh my head off."이다. 직역하면 "나는 내 머리가 떨어질 정도로 크게 웃는다."이다.

그저 와준 오늘이 / 고맙기는 하여도(4.3.4.3)
죽어도 오고 마는 / 또 내일이 두렵다(3.4.4.3).

아 테스형 / 세상이 왜 이래(1.3.3.3). 변격
너 자신을 알라며 / 툭 내뱉고 간 말을(4.3.4.3).

나훈아의 노래 〈테스형〉에는 "아 테스형"이라는 말이 많이 나온다. 사람이나 사물의 이름을 불러서 주의를 환

기시키는 수사법을 돈호법(頓呼法)이라고 하고 영어로는 apostrophe라고 한다.

　　내가 어찌 알겠소. / 모르겠소. 테스형(4.3.4.3)

　　울 아버지 산소에 / 제비꽃도 피었다(4.3.4.3)

"울 아버지 산소에 제비꽃도 피었다."라는 부분이 있다. '제비꽃'을 영어로 무엇이라고 할까? 정답은 'violet'이다. 영단어 violet은 제비꽃이라는 뜻도 있지만 보라색이라는 뜻도 있다.

　　들국화도 수줍어 / 샛노랗게 웃는다(4.3.4.3).

　　그저 피는 꽃들이 / 예쁘기는 하여도(4.3.4.3)

　　자주 오지 못하는 / 날 꾸짖는 것만 같다(4.3.4.4).

　　아 테스형 / 아프다 세상이(1.3.3.3). 변격

　　눈물 많은 나에게(4.3)

　　아 테스형 / 소크라테스형(1.3.6) 변격

　　세월은 또 왜 저래(4.3).

먼저 가본 세상은 / 어떤가요 테스형(4.3.4.3).
그러니까 천국은 / 있던가요 테스형(4.3.4.3).

이 노래의 화자는 소크라테스형에게 세상과 천국에 대해
질문을 던지지만 소크라테스로부터 답을 얻지 못 한다.

아 테스형 / 소크라테스형(1.3.6) 변격
세월은 또 왜 저래(4.3).

먼저 가본 세상은 / 어떤가요 테스형(4.3.4.3).
그러니까 천국은 / 있던가요 테스형(4.3.4.3).
아 테스형(1.3)(반복) 변격

이 노래에 나오는 천국은 영어로 무엇이라고 할까? 정답
은 heaven이다. 영어 sky는 눈에 보이는 하늘을 의미하고 영
어 heaven은 눈에 보이지 않는 하늘을 의미한다.
이렇게 가황 나훈아의 노래 〈테스형〉을 통해서도 즐겁게
영어를 공부할 수 있다.

☕ 브레이크 타임

타로란?

타로(Tarot)는 수레바퀴(wheel)라는 단어와 관련이 있다. 타로 카드는 현재 8000종 이상이 있으며 각각의 카드는 모두 78장이다. 카드의 개수인 78장에는 절묘한 의미가 담겨 있다. 1부터 12까지의 숫자를 모두 더하면 78장(1+2+3+4+5+6+7+8+9+10+11+12)이 된다. 즉, 타로는 일 년 열두 달의 합을 의미한다.

인간의 삶에는 동시성의 원칙이 있다. 타로 카드에는 사랑 이야기, 돈 이야기, 직업 이야기 등의 인생 이야기가 담겨 있다. 이 세상에 일어나는 모든 일이 동시에 나에게도 일어날 수 있다는 것이 바로 동시성의 원칙이다. 상담자(consultant)는 타로 카드로 내담자를 상담하면서 카드의 그림에 나타난 상황을 이야기해 준다. 그러면 내담자는 상담자의 말을 자신의 상황과 연결시켜 파악한다. 이것이 바로 동시성의 원칙이다. 만약 내담자가 상담을 받다가 계속해서 "아닌데요."라는 말을 세 번 하면 그 내담자(client)와는 상담(counseling)하지 않는 것이 좋다.

타로 카드는 크게 '화(火)', '토(土)', '공(空)', '수(水)'의 네 가지로 나눌 수 있다. '화(火)'는 '막대기(wands)'로 행동을, '토(土)'는 '오각별(pentacle)'로 물질을, '공(空)'은 '칼(sword)'로 이성을, '수(水)'는 컵(cup)으로 감정을 나타낸다. 아이가 넘어졌을 때 아이에게 말하는 엄마의 이야기를 통해 엄마가 무슨 sign의 엄마인지 알 수 있다.

컵 엄마는 아이가 넘어지면 무엇이라고 이야기할까? 정답은 "아프겠다."이다. 컵 엄마는 감정을 다루는 공감 능력이 뛰어나다.

검 엄마는 아이가 넘어지면 무엇이라고 이야기할까? 정답은 "너 왜 앞에 안 봐?"이다. 검 엄마는 이성적인 판단 능력이 뛰어나다. 완즈 엄마는 아이가 넘어지면 무엇이라고 이야기할까? 정답은 "일어나. 피 안 나."이다. 완즈 엄마는 행동을 강조한다. 펜터클 엄마는 아이가 넘어지면 무엇이라고 이야기할까? 정답은 "그러니 다음엔 넘어지면 안 돼."이다. 펜터클 엄마는 물질을 강조

▲〈타로카드〉

▲〈저자의 타로 심리상담사
전문가 자격증〉

제3장

ACB

영어 실전 문제 테스트

1. 영단어 실력 테스트

1-10 다음 영단어의 뜻을 우리말 단어로 써보자.

번호	영단어	우리말 단어	번호	영단어	우리말 단어
1	microbiologist		6	ritual	
2	expert		7	mummy	
3	clue		8	founder	
4	transplant		9	debate	
5	possible		10	initially	

빈 칸을 채웠으면 아래에 있는 도표를 보고 채점하라.

번호	영단어	우리말 단어	번호	영단어	우리말 단어
1	microbiologist	미생물학자	6	ritual	의식(儀式)
2	expert	전문가	7	mummy	미이라
3	clue	단서, 실마리	8	founder	창설자
4	transplant	이식(하다)	9	debate	논쟁
5	possible	가능한	10	initially	처음에

맞은 개수	점수에 따른 별 표시
8개 이상	★★★★★
6개-7개	★★★★
3개-5개	★★★
2개 이하	★★

그럼 이번에는 우리말 단어를 영어로 써보자.

번호	영단어	우리말 단어	번호	영단어	우리말 단어
1		미생물학자	6		의식(儀式)
2		전문가	7		미이라
3		단서, 실마리	8		창설자
4		이식(하다)	9		논쟁
5		가능한	10		처음에

영단어를 보고 뜻을 우리말로 쓸 줄 알고 우리말 단어를 보고 뜻을 용어로 쓸 수 있어야만 단어 공부를 한 것이라고 할 수 있다.

2. 반의어 테스트

동의어를 영어로 synonym이라고 하고 반의어를 영어로 antonym이라고 한다. 반의어를 통해 영어를 공부하면 영어 실력이 많이 향상된다. 다음 영단어의 반의어를 빈 칸에 써라.

번호	영단어	반의어	번호	영단어	반의어
1	positive		16	brave	
2	absent		17	conquer	
3	ancient		18	believe	
4	deep		19	masculine	
5	guilty		20	ascend	
6	normal		21	profit	
7	honest		22	public	
8	noble		23	vicious	
9	ordinary		24	ask	
10	rough		25	careful	
11	optimism		26	war	
12	ancestor		27	maximum	
13	blame		28	wet	
14	fortune		29	fertile	
15	fortunate		30	beautiful	

빈 칸을 채웠으면 아래에 있는 도표를 보고 채점하라.

번호	영단어	반의어	번호	영단어	반의어
1	positive	negative	16	brave	timid
2	absent	present	17	conquer	surrender
3	ancient	modern	18	believe	deny
4	deep	shallow	19	masculine	feminine
5	guilty	innocent	20	ascend	descend
6	normal	abnormal	21	profit	loss
7	honest	dishonest	22	public	private
8	noble	ignoble	23	vicious	virtuous
9	ordinary	extraordinary	24	ask	answer
10	rough	smooth	25	careful	careless
11	optimism	pessimism	26	war	peace
12	ancestor	descendant	27	maximum	minimum
13	blame	praise	28	wet	dry
14	fortune	misfortune	29	fertile	barren
15	fortunate	unfortunate	30	beautiful	ugly

채점이 끝났으면 아래 점수에 따른 설명을 시험지에 적어라.

맞은 개수	점수에 따른 별 표시
25개 이상	★★★★★
20개-24개	★★★★
15개-19개	★★★
10개-14개	★★
9개 이하	★

그럼 이번에는 영단어와 반의어의 뜻을 우리말로 써보자.

번호	영단어	뜻	반의어	뜻	번호	영단어	뜻	반의어	뜻
1	positive	긍정적인	negative	부정적인	16	brave	용감한	timid	소심한
2	absent	결석한	present	출석한	17	conquer	정복하다	surrender	굴복하다
3	ancient	고대의	modern	현대의	18	believe	믿다	deny	부인하다
4	deep	깊은	shallow	얕은	19	masculine	남성적인	feminine	여성적인
5	guilty	유죄의	innocent	무죄의	20	ascend	올라가다	descend	내려가다
6	normal	일상적인	abnormal	비일상적인	21	profit	이익	loss	손실
7	honest	정직한	dishonest	정직하지 않은	22	public	공적인	private	사적인
8	noble	고상한	ignoble	고상하지 않은	23	vicious	악덕의	virtuous	미덕의
9	ordinary	평범한	extraordinary	평범하지 않은	24	ask	묻다	answer	대답하다
10	rough	거친	smooth	매끄러운	25	careful	주의 깊은	careless	부주의한
11	optimism	낙관주의	pessimism	비관주의	26	war	전쟁	peace	평화
12	ancestor	조상	descendant	후손	27	maximum	최대의	minimum	최소의
13	blame	비난하다	praise	칭찬하다	28	wet	젖은	dry	건조한
14	fortune	행운	misfortune	불행	29	fertile	비옥한	barren	척박한
15	fortunate	행운의	unfortunate	불행한	30	beautiful	아름다운	ugly	추한

이렇게 영단어의 반의어를 공부하는 것은 영단어 실력을 두 배로 향상시킬 수 있는 좋은 방법이다. 부정접두어 in, im, ex, dis 등과 부정접미어 less 등이 들어간 단어들을 분류해서 외우는 것도 훌륭한 영단어 공부 방법이다.

☕ 브레이크 타임

바리데기와 리어왕

영국의 극작가 셰익스피어(William Shakespeare)의 비극 『리어왕』은 동양의 서사무가인 『바리데기』와 아주 유사한 구조를 보인다. 『리어왕』은 왕과 세 딸의 이야기이고 『바리데기』는 왕과 일곱 명의 딸들의 이야기이다. 리어왕은 딸들에게 그를 얼마나 사랑하느냐고 묻는다. 그러자 큰딸 거너릴과 둘째 딸 리건은 아버지를 매우 사랑한다고 이야기한다. 리어왕은 두 딸들에게 3분의 1씩 유산을 물려준다. 리어왕은 막내딸 코딜리아에게 자신을 얼마만큼 사랑하느냐라고 묻자 코딜리아는 아버지를 사랑하지만 자신은 결혼하면 아버지만 사랑할 수는 없을 것이라고 이야기한다. 리어왕은 화를 내며 유산을 한 푼도 주지 않고 코딜리아를 쫓아낸다.

유산을 받은 두 딸들은 자신들의 아버지를 홀대하게 되고 리어왕은 허망하게 죽는다. 막내딸 코딜리아는 쫓겨난 이후에도 계속해서 아버지의 안위를 걱정한다. '바리공주'의 '바리'는 '버리다'에서 나온 말이다. 여섯 명의 딸을 낳은 왕은 일곱 번째 딸을 낳자 일곱 번째 딸을 옥함에 넣어 강물에 띄워 버리게 된다. 바리공주는 석가세존의 명을 받은 노부부에 의해 구출된다. 노부부가 바리공주의 구조자이다. 바리공주는 열다섯이 되던 해에 꿈을 꾼다. 꿈에 푸른 옷을 입은 동자가 나타나 바리공주의 아버지는 바리공주를 버린 죄로 병이 들었고 그 병을 고치려면 신선세계의 약수를 길어서 아버지에게 먹여야 한다고 이야기한다. 바리공주는 갖은 고생을 해서 신선세계의 약수를 길어 와서 죽은 아버지를 다시 살려낸다.

두 작품 모두 왕과 딸들의 이야기이고 쫓겨나거나 버려지는 막내딸의 효심이 강조된다. 리어왕은 막내딸을 쫓아내고 뒤늦게 후회하고 바리공주의 아버지도 바리공주를 버린 후 바리공주를 기다린다. 비극의 특징은 주인공이 나락에 빠진 후에야 비로소 자신의 잘못에 대한 인식(recognition)을 한다는 것이다. 이런 점에서『리어왕』이『바리데기』보다 더 주인공의 자기인식에 초점이 맞추어져 있다.

낙엽을 영어로 무엇이라고 할까?

낙엽을 영어로 하면 falling leaves일까? fallen leaves일까? 둘 다 맞다. falling leaves는 떨어지고 있는 낙엽이고 fallen leaves는 떨어진 낙엽이다.

제4장

영어 공부 전략

1. 인지전략을 통한 영어 공부 전략

영어는 인지전략을 사용하면 보다 쉽게 공부할 수 있다. 인지전략(cognitive strategy)이란 학습과정에서 이루어지는 학습방법과 관련된 전략이다. 직접 학습할 때의 전략이라 할 수 있다. 인지 전략에는 여러 가지가 있는데 10가지로 나누어 살펴보기로 하자.

① **Repetition**(반복): 학습자가 문법이나 어휘 등을 수도 없이 모방하고 반복하면서 학습하는 것을 의미한다. 영어 공부뿐만이 아니라 모든 공부의 핵심은 무한 반복이다.

② Resourcing(**자료 활용**): 외국어 사전이나 문법책 등을 참고하면서 학습하는 것을 의미한다. 공부를 하다가 모르는 단어나 모르는 문법이 나오면 그 부분을 찾아서 공부하는 것을 말한다. 사전이나 문법책은 첫 부분부터 끝부분까지 한 번에 다 보기가 힘들다. 그래서 공부하다가 모르는 부분이 나오면 그때그때 찾아보는 것이 중요한 공부 방법이다.

③ Translation(**번역**): 외국어 학습을 위하여 모국어로 번역을 하면서 학습하는 것을 의미한다. 외국어를 모국어로 번역하면서 공부하면 영어 공부도 되지만 우리말 공부도 잘된다. 독일의 대문호 괴테는 우리가 외국어를 공부하는 것은 우리말의 아름다움을 보다 잘 살리기 위한 방편이라고 말했다. 번역 공부는 일거양득 공부법이다.

④ Grouping(**그룹화**): 학습 내용에 대해 어떤 순서에 의해 나열하거나 서로 관계있는 것들끼리 그룹으로 나누어 학습하는 것을 의미한다. 수학에 동류항이라는 용어가 있다. 같은 무리에 속하는 항이라는 뜻이다. 영어로 예를 들면 동명사는 동명사끼리 현재분사는 현재분사끼리 그룹으로 나누면 영어 공부가 훨씬 더 쉬워진다.

⑤ Note taking(**노트필기**): 학습을 하면서 요점을 기록하거나 요약하면서 학습하는 것을 의미한다. 노트 필기는 중요한 공부 방법이

다. 사람은 모든 것을 다 기억할 수 없다. 그래서 책을 읽거나 공부할 때 중요한 부분을 요약해두면 공부하기가 아주 쉬워진다.

⑥ Recombination(**재결합**): 학습자가 이전에 배운 문법이나 어휘를 토대로 새로운 문장이나 구, 절 등을 만들어 내는 것을 의미한다.

⑦ Imagery(**형상화**): 새로운 학습내용을 학습자가 이미 알고 있거나 본 적이 있는 그림 또는 시각자료와 연관시켜 학습하는 것을 의미한다.

⑧ Contextualization(**문맥화**): 새로운 정보를 학습자가 이미 알고 있는 여러 가지 다른 정보와 서로 연관시켜 가면서 학습하는 것을 의미한다. 예를 들어 보자. 'empathy'는 '감정이입'이라는 뜻인데, 'em'은 '보낸다'는 뜻이고 'pathy'는 '마음'이라는 뜻이다. 다시 말해 나의 감정을 다른 사물에 보낸다는 뜻이다. 고려가요 〈청산별곡〉에 이런 내용이 있다.

우러라 우러라 새여. 자고 니러 우러라 새여.
널라와 시름 한 나도 자고 니러 우니노라.

우는구나. 우는구나. 새여. 자고 일어나 우는구나 새여.
너보다 시름 많은 나도 자고 일어나 우는구나.(현대어 풀이)

작품 속의 화자가 자신의 슬픈 심정을 새에 빗대어서 말하는 내용이다. 'pathy'가 들어간 단어 중에 'telepathy'가 있다. 석가모니가 단 위에서 제자들 앞에서 아무 말도 하지 않고 연꽃을 들고 있었을 때 그의 제자인 가섭만이 미소를 지었다. 염화미소(拈華微笑), 염화시중(拈花示衆), 이심전심(이심전심) 모두 영어로 telepathy이다.

⑨ Transfer(전이): 학습자가 이미 알고 있는 모국어나 외국어의 지식을 최대한 활용하여 새로운 외국어 학습 활동을 촉진하는 것을 의미한다.

⑩ Inferencing(추론): 추측이나 유추를 통하여 잘 모르는 새로운 외국어의 지식을 습득하는 것을 의미한다.

이렇게 열 가지의 영어 인지 전략을 잘 활용해서 영어를 공부하다 보면 재미있는 영어 공부가 될 것이라고 확신한다.

2. 이야기 영단어 암기 전략

access: 접근

정상에 애써서(액세스) 접근했다.

admonish: 혼내다.

어디 이렇게 많이 쉬를 했어?

amount: 총액

어마어마한(어마운트) 총액

alliance: 동맹, 연맹

올(all) lions(사자들) 연맹

assault: 공격(하다)

어! 쏠 듯(어썰트)이 공격하다

assign: 할당하다

어서 사인(어사인)해! 서류를 할당할게.

attach: 붙이다, 부착하다

어! 떼지(어태치)말고 붙여놔.

asset: 재산, 자산

애 셋이 재산, 자식이 재산이여!

avenge: 복수

어! 펜치(어벤지) 가져와.

barometer: 기압계, 지표

잘 보라! 미터(바로미터)가 지표이다.

barren: 불모지의

배린(배런) 땅이 불모지이다.

baggage: 여행용 백이지!

beak: 부리

삑삑(비크)거리는 새의 부리

beggar: 거지

배가(베거) 고픈 거지

betray: 배신하다

배신해서 목을 비틀래(비트레이)?

boil: 끓다.

보일러(보일) 물이 끓다

borrow: 바로 돌려줄게.

bud: 싹

뻗어(버드) 나오는 싹

bustle: 북적거리다.

아침에 버스를 탔을 때 북적이다.

KO: knock out

(케이오스)되어서 혼동에 빠졌다.

cheery: 기분이 좋은

기분이 좋아서 술에 취하리(치어리).

chill: 차가움

치를(칠) 떨 만큼 차갑다.

coarse: 거친

거친 코스(코얼스)

colleague: 동료

코홀리개(코리그): 동료

company: 회사

너희 회사 껌 파니(컴퍼니)?

contagion: 전염병

큰 대전에 퍼진 전염병

core: 핵심, 중심

얼굴의 중심에 있는 코

countermand: 취소하다.

카운터에 만두를 취소하다.

costume: 의상

가수가 춤출 때 입는 의상

curb: 억제하다

커브길에서 속도를 억제하다.

dense: 밀집한, 빽빽한

댄스장에 빽빽한

deserve: ~할 가치가 있다.

뒤져볼(디절브) 가치가 있다

designate: 가리키다, 임명하다.

돼지 그(데지그)걸로 주세요.

destination: 목적지, 목표

내 목표는 대스타(데스티)야!

discriminate: 식별하다.

this(이) 크림이네

doom: 운명

운명을 나쁘게 둠

drip: 물방울

들잎(드립)에서 물방울이 떨어졌다.

drowsy: 졸린

아! 졸려, 남편이 언제 들어오지(드라우지)?

edge: 칼날

애지(엣지)중지하는 칼날

evidence: 증거

애비가 돈 쓴 증거

embark: 태우다, 싣다.

임박(임발크)해서 물건을 배에 싣다.

eternal: 영원한

이 터널이여 영원하라.

fairly: 상당히

회오리(페어리) 바람이 매우 세게 분다.

fatigue: 피로

피로해도 조금만 더 뻐티코(퍼티그) 있어

fertile: 비옥한

씨만 뿌리면 잘 퍼뜨릴 비옥한 땅

flaw: 흠

갈라진 흠을 풀로 붙이다,

frustrate: 좌절시키다

풀어 스트레이트(프러스트레이트)를

fume: 연기

연기를 잘 피움(퓸)

gem: 보석

잼(젬)같이 생긴 보석

gourmet: 미식가

미식가는 구워 매일

jail: 감옥, 교도소

쩰(제일) 지으면 가는 곳이 교도소

kennel: 개집

개 넣을(케널) 곳이 개집이다

knowledge: 지식

내가 지식으로 좀 날리지(날리쥐),

legacy: 유산

이 유산은 내거야 씨~~

mock: 조롱하다

다른 사람을 막(mock) 조롱하면 안 돼!

museum: 박물관

질서가 무지 엄(museum)한 박물관

owe: 빚지고 있다.

오우(owe) 하나님 감사합니다.

저는 당신께 빚지고 있습니다.

obstruct: 막다, 방해하다.

앞 's 트럭도 방해한다.

pillow: 베개

피로(pillow)를 쫙 풀어주는 베개

rage: 분노

내 이 쥐(레이지)를 그냥 놔두지 않겠어.

restore: 회복하다.

이 스토어(리스토어)를 다시 되찾아서 회복하다.

satellite: 위성

새털처럼 라이트(light)하게 떠있는 인공위성

sigh: 한숨, 한숨을 쉬다.

할 일이 산더미처럼 쌓이(사이)어서 한숨이 저절로 나온다.

soar: 높이 치솟다.

미사일을 쏘아(soar)서 하늘 높이 치솟아 오른다.

spoil: 망치다.

숲오일(숲 oil, 소리 나는 대로 읽으면 스포일)이
산을 망친다.

sore: 아픈

벌이 쏘아(쏘어) 아픈 손가락

tentative: 임시의

난민용 임시의 텐트와 TV

terrible: 무서운

테러에 불까지 있으니 너무 무섭다.

tug: 당기다

그가 나의 턱(tug)을 당겼다.

twin: 쌍둥이

two 人(트윈)은 쌍둥이

vehicle: 차량이 와서 비킴

veterinarian: 수의사

배털어 내어 동전 삼킨 강아지를 수의사가 치료했다.

vinegar: 식초

비린거가 식초야

wholesale: 도매

헐하게 세일(홀세일)하는 것이 도매이다.

wolf: 늑대

울부(울프)짖는 늑대

wound: 상처를 입고 운다.

그녀를 사랑하는데 아이(あい) 부끄러워서 말을 못 하겠어.

부인이 빨래를 널기 위해 옥상(おくさん)에 갔어요.

술은 내가 사께(さけ).

사슴은 매우 시가(시까 しか)가 비싸다고 합니다.

술을 너무(노무 のむ) 마셨다.

하하(はは) 네가 벌써 엄마가 되다니 축하해.

이 칫솔에는 하 브라시(はぶらし)가 달려있다.

나이를 먹으면 수염도 희게(히게 ひげ) 된다.

이 글자는 모지(もじ)?

제5장

기적의 1분 영어

단어 1. chicken soup

복날에 먹는 보양식이 삼계탕이다. 그럼 삼계탕을 영어로 무엇이라고 할까? 정답은 'chicken soup'이다. 난센스 퀴즈다. 가난한 사람이 먹는 삼계탕은 무엇일까? 정답은 삼양라면에 계란 하나이다. '삼양라면'의 앞글자인 '삼'과 계란의 앞글자인 '계'가 합해지면 '삼계'가된다. 삼복더위는 삼계탕으로 이겨 내자.

관용적 표현 2. You have butter fingers.

"너는 사고뭉치이다."를 영어로 무엇이라고 할까? 정답은 "You

have butter fingers."이다. 직역하면 "너는 버터 손가락들을 가지고 있다."이다. 손에 버터가 발라져 있으면 잡는 모든 물건은 떨어지게 된다. 그래서 'butter fingers'는 '사고뭉치'의 뜻이 된다.

용어 3. brand loyalty

'brand loyalty'를 우리말로 무엇이라고 할까? 정답은 '상표 충성도'이다. 상표 충성도란 특정 상표의 제품에 대한 충성도이다. 예를 들면 가전제품을 쓸 때 A라는 사람은 삼성 것만 쓰고 B라는 사람은 LG 것만 쓴다. 이게 바로 상표 충성도이다. 또 다른 예를 들어 보자.

힐튼 호텔은 1박에 30만 원이고, 그 옆에 힐튼 호텔이 있는데 1박에 10만 원이라도 힐튼 호텔에서 잠을 잔다. 이게 바로 상표 충성도이다.

나는 어떤 회사의 제품에 충성도가 많은지 한번 생각해 볼까?

관용적 표현 4. He was born with a silver spoon in his mouth.

"그는 부잣집에서 태어났다."를 영어로 무엇이라고 할까? 정답은 "He was born with a silver spoon in his mouth."이다. 우리나라에서는 금수저를 물고 태어난다고 하는데 영어에서는 은수저를 물고 태어난다고 이야기한다. 은도 금 못지않게 중요한 화폐 수단이다.

관용적 표현 5. He is an oyster.

"그는 말수가 적은 사람이다."를 영어로 무엇이라고 할까? 정답은 "He is an oyster."이다. 직역하면 "그는 굴이다."다. 굴은 바닷가 바위틈에 조용히 붙어 있는 경우가 많다. 그래서 "He is an oyster."는 "그는 말수가 적은 사람이다."라는 뜻이 된다.

회화 6. You have an eye for fashion.

"너는 패션에 대한 안목이 있어."를 영어로 무엇이라고 할까? 정답은 "You have an eye for fashion."이다. 직역하면 너는 "패션에 대한 눈을 가지고 있다."이다. '眼目(안목)'은 날카로운 감각의 의미를 가지고 있다. 유사한 말로 "You have an ear for fashion."이라는 말도 있다.

격언 7. To know is one thing, to teach is another.

"To know is one thing, to teach is another."를 우리말로 번역하면 무엇일까? 정답은 "아는 것과 가르치는 것은 별개이다."이다.

영어 문법에서 "A is one thing, B is another."는 "A와 B는 별개이다."라는 뜻이다. 많이 안다고 잘 가르치는 것은 아니고 적게 안다고 못 가르치는 것도 아니다. 가르치는 것은 기술이고 자기표현이다.

문학 작품 8. "With love's light wings did I o'erperch this wall."

"With love's light wings did I o'erperch this wall."의 뜻은 무엇일까? 정답은 "사랑이라는 가벼운 날개를 달고 이 담장을 사뿐히 뛰어 넘었소."이다. 로미오는 줄리엣이 사는 집의 담장을 뛰어 넘는다. 줄리엣은 로미오에게 "당신은 이 담장을 어떻게 뛰어넘었나요?"라고 묻는다. 줄리엣의 질문에 대한 로미오의 대사이다. 이 문장에서 주의해야 할 표현은 'with love's light wings'이다. 이 말을 번역할 때에는 '사랑의 가벼운 날개를 달고'라고 번역하기보다는 '사랑이라는 가벼운 날개를 달고'라고 번역하는 것이 좋다. 영국의 대문호 셰익스피어가 왜 세계적인 작가인지 알게 하는 대사이다.

Call me but love, and I'll be new baptized;   50
Henceforth I never will be Romeo. 세려받다
  Juliet. What man art thou that, thus bescreened
    in night,
So stumblest on my counsel? bescreen[biskríːn]
  Romeo. Stumble [stʌmbl] v. 비틀거리다 vt. …을 덮어가리다(con
By a name
I know not how to tell thee who I am.
My name, dear saint, is hateful to myself
Because it is an enemy to thee.
Had I it written, I would tear the word.
  Juliet. My ears have yet not drunk a
    hundred words
Of thy tongue's uttering, yet I know the sound.
Art thou not Romeo, and a Montague?   60
  Romeo. Neither, fair maid, if either thee dislike.
  Juliet. How camest thou hither, tell me,
    and wherefore?
The orchard walls are high and hard to climb,
And the place death, considering who thou art,
If any of my kinsmen find thee here.
  Romeo. With love's light wings did I o'erperch
    these walls;
For stony limits cannot hold love out,
And what love can do, that dares love attempt;
alack[əlǽk]   Therefore thy kinsmen are no stop to me.
inter.((고어))   *Juliet.* If they do see thee, they will murther thee.   70
[비애·유감·놀람을
나타내어]아아,   *Romeo.* Alack, there lies more peril in thine eye
Than twenty of their swords. Look thou but sweet,

▲저자가 공부한 『로미오와 줄리엣』2막 2장 캐플릿 저택 정원의 원문

격언 9. Don't judge a book by its cover.

"겉모습으로 사람을 평가하지 마라."를 영어로 무엇이라고 할까? 정답은 "Don't judge a book by its cover."이다. 직역하면 "표지로 책을 판단하지 마라."이다. 표지는 번지르르한데 내용이 별로 없는 책이 있는가 하면 표지는 빛바랬는데 내용은 아주 알찬 책이 있다. 겉모습이 화려하지 않다고 해서 그 사람을 지위가 낮거나 가난하다고 평가해서는 안 된다. 진정한 아름다움은 겉모습이 아닌 내면에 있다.

격언 10. Spare the rod, spoil the child.

"매를 아끼면 아이를 망친다."를 영어로 무엇이라고 할까? 정답은 "Spare the rod, spoil the child."이다. 직역하면 "매를 아껴라. 그러면 아이를 망친다."이다. 우리말에도 "미운 아이 떡 하나 더 준다."라는 속담이 있다. 'spare'는 '아끼다'라는 뜻이고 'rod'는 '매'라는 뜻이다. 응석받이 아이는 영어로 무엇이라고 할까? 응석받이 아이는 영어로 'a spoiled child(망쳐진 아이)'라고 한다.

격언 11. A watched pot never boils.

"A watched pot never boils." 이 문장을 우리말로 하면 무엇일까? 정답은 "지켜보는 주전자는 결코 끓지 않는다."이다. 물을 끓이기 위해 냄비에 물을 넣고 가스 불을 켠 후 계속 지켜보면 물이 끓지 않는 것처럼 보인다. 잠깐 신문을 보고 있으면 물은 어느새 펄펄 끓고 있다. 이때 쓰는 표현이 바로 "A watched pot never boils."이다.

속담 12. Like father, like son

'父傳子傳(부전자전)'을 영어로 무엇이라고 할까? 정답은 'Like father, like son'이다. 직역하면 "아버지처럼, 아들처럼"이다. 영어 'like'은 '좋아하다'라는 뜻도 있지만 '~처럼'이라는 뜻도 있다. 아버지의 행동을 아들이 똑같이 따라할 때 이 표현을 쓴다. 예를 들면 아버지가 코를 고는데 아들도 코를 골 때 이 표현을 쓸 수 있다.

회화 13. Please give me a break.

"한 번만 봐주세요."를 영어로 무엇이라고 할까? "Look at me once."라고 하면 콩글리시이다. "Look at me once."는 나의 얼굴을 보라는 뜻이다. "한 번만 봐주세요."를 영어로 하면 "Please give me a break."이다. 직역하면 "나에게 휴식을 달라."이다. 한 번 봐준다는 것은 약간의 휴식을 준다는 의미이다.

회화 14. I owe what I am to my wife.

"I owe what I am to my wife." 이 문장을 우리말로 번역하면 어떻게 될까? 정답은 "지금의 나는 아내의 덕분이다."이다. 영어 문법에서 'owe A to B'는 "A는 B의 덕분이다"라는 뜻이다. 'what I am'은 '현재의 나'라는 뜻이다. 지금의 내가 있기까지 많은 도움을 준 나의 아내에게 이 기회를 빌어 "내가 세상을 살아가는 이유는 당신이 있기 때문입니다."라고 말하고 싶다.

격언 15. No cross, no crown

"No cross, no crown"을 우리말로 무엇이라고 할까? 정답은 "고통이 없으면 영광도 없다"이다. 직역하면 "십자가가 없으면 왕관도 없다."이다. '십자가'는 '고통'을 상징하고 '왕관'은 '영광'을 상징한다. 왕이 되려는 자는 왕관의 무게를 견뎌야 한다.

회화 16. Dinner is on me.

"저녁은 제가 쏠게요."를 영어로 무엇이라고 할까? "I will shoot dinner."라고 쓰면 콩글리시이다. 정답은 "Dinner is on me."이다. 같은 표현으로 "Dinner is on the house."가 있다. 저녁은 집에서 먹는 것처럼 하겠다는 뜻이다. 그러면 "저녁은 네가 쏴."라고 할 때에는 영어로 무엇이라고 할까? 정답은 "Dinner is on you."이다.

사자성어 17. Acting arrogantly through borrowed authority

'호가호위(狐假虎威)'란 직역하면 여우가 호랑이의 위엄을 빌린다는 뜻이다. 지위가 낮은 사람이 지위가 높은 사람의 권력을 이용해서 자기 마음대로 영향력을 행사하는 것을 의미한다.

그럼 '호가호위'를 영어로 무엇이라고 할까? 정답은 'Acting arrogantly through borrowed authority'이다. 직역하면 '빌려진 권위를 통하여 오만하게 행동하기'이다. 호가호위를 의미하는 또 다른 표현으로 'The ass in the lion's skin'이 있다. 직역하면 '사자의 가죽을 뒤집어 쓴 당나귀'이다.

속담 18. A guilty conscience needs no accuser.

"도둑이 제 발 저린다."를 영어로 무엇이라고 할까? 정답은 "A guilty conscience needs no accuser."이다. 직역하면 "유죄의 양심은 어떤 고소자도 필요로 하지 않는다."이다. 도둑이 제 발 저린다는 말은 양심으로 스스로 마음에 찔린다는 뜻이다.

😄 **난센스 퀴즈:** 라면이 법정에 간 이유는? 참기름이 고소해서

사자성어 19. Those who lie down with dogs will get up with fleas.

'근묵자흑'을 영어로 무엇이라고 할까? 정답은 "Those who lie down with dogs will get up with fleas."이다. 영어 'those' 다음에 'who'가 나오면 'those'는 '~하는 사람들'이라는 뜻이다. 직역하면 "개들과 함께 누워있는 사람들은 벼룩들과 함께 일어날 것이다." 이다. '近墨者黑(근묵자흑)'의 뜻은 직역하면 "먹을 가까이 하면 검어진다."라는 뜻이고 의역하면 "나쁜 사람을 가까이 하면 나쁜 버릇에 물들게 된다."라는 의미를 가지고 있다. 같은 표현으로는 "Lie down with dogs, get up with fleas" 또는 "If you lie down with dogs, you'll get up with fleas."가 있다.

명언 20. I think, therefore I am.

"나는 생각한다. 고로 나는 존재한다."를 영어로 무엇이라고 할까? 정답은 "I think, therefore I am."이다. 영어 'am'은 '~이다'의 뜻도 있지만 '존재하다'의 뜻도 있다. 이 말은 서양철학자 데카르트가 한 말인데 신 중심에서 인간 중심으로 생각이 바뀌는 것을 표현한 말이다. 중세의 철학은 신 중심의 철학이었고 근대 철학으로 넘어오면서 인간 중심 철학으로 바뀐다. 똑같은 의미의 라틴어는 "Cogito ergo sum(코지토 에르고 숨)"이다.

관용적 표현 21. He shot the moonlight.

"그는 야반도주했다."를 영어로 무엇이라고 할까? 정답은 "He shot the moonlight."이다. 직역하면 "그는 달빛을 쏘았다."이다. 달빛을 쏘면 주변이 어두워지게 된다. 따라서 달빛을 쏜다는 것은 주변이 어두워질 때 야반도주한다는 것을 의미한다.

한자성어 22. We never meet without parting.

"會者定離(회자정리), 去者必反(거자필반)"을 영어로 무엇이라고 할까? 정답은 "We never meet without parting."이다. 직역하면 "우리는 헤어짐 없이 결코 만나지 않는다."이다. "회자정리, 거자필반"은 "만나면 반드시 이별하고 헤어지면 반드시 만난다."라는 뜻을 가지고 있다. 한국의 승려이자 시인인 한용운의 시 「님의 침묵」에 이런 구절이 있다.

우리는 만날 때 떠날 때를 염려하는 것 같이 떠날 때 다시 만날 것을 믿습니다.

제 곡조를 모르는 사랑의 노래는 님의 침묵을 휩싸고 돕니다.

만나면 헤어지고 헤어지면 다시 만나는 것이 세상의 이치이다.

격언 23. Fools rush in where angels fear to tread.

"하룻강아지 범 무서운 줄 모른다."를 영어로 무엇이라고 할까? 정답은 "Fools rush in where angels fear to tread."이다. 직역하면 "바보들은 천사들이 밟기 두려워하는 곳으로 돌진한다."이다. "하룻강아지 범 무서운 줄 모른다."를 한자로는 "一

日之狗 不知畏虎(일일지구부지외호)"라고 한다. 여기에서 문제 나간다. 하룻강아지는 하루밖에 안된 강아지다. 맞으면 ㅇ 틀리면 ×를 표시하라. 정답은 ×이다. 하룻강아지는 하루된 강아지가 아니다. 보통 한 살을 '한습' 또는 '하릅'이라고 불렀다. 원래 하릅 강아지였던 것을 하룻강아지로 부르다가 이것이 표준어로 정착된 것이다. "하룻강아지 범 무서운 줄 모른다."는 일 년 된 강아지가 범 무서운 줄 모른다는 뜻이다.

속담 24. Like a bolt out of the blue

"아닌 밤중에 홍두깨"를 영어로 무엇이라고 할까? 정답은 "Like a bolt out of the blue"이다. 직역하면 "푸른 하늘로부터 번개처럼"이다. "마른하늘에 날벼락"도 같은 표현이다. 홍두깨란 "빨래한 옷감을 감아서 다듬잇돌 위에 얹어놓고 반반하게 다듬는 단단한 나무로 만든 방망이"를 말한다. "아닌 밤중에 홍두깨"란 전혀 예기치 않은 일이 발생할 때 쓰는 표현이다.

회화 25. Time heals all wounds.

"세월이 약이겠지요."라는 말의 뜻은 시간이 지나면 힘든 상황이 조금씩 잊힌다는 의미이다. "세월이 약이겠지요."를 영어로 무엇이라고 할까? 정답은 "Time heals all wounds."이다. 직역하면 "시간이 모든 상처들을 치료해 줄 것이다."이다. 시간이 모든 상처들을 치료해 준다는 것은 시간이 지나면 상처들이 조금씩 완화된다는 의미이다. 가수 송대관의 노래 가운데 〈세월이 약이겠지요〉가 있다.

이 슬픔 모두가 세월이 약이겠지요.
세월이 약이겠지요.

"세월이 약이겠지요."를 "Time will be a medicine."이라고 쓰면 콩글리시이다.

회화 26. Female characters play active roles in that movie.
"여성 주인공들이 그 영화에서 적극적인 역할을 한다"를 영어로 무엇이라고 할까? 정답은 "Female characters play active roles in that movie."이다. '역할을 하다'를 영어로 하면 'play a role(part)'이다. 영어 'role'은 역할이라는 뜻이고 'part'도 역할이라는 뜻이다. 'character'는 성격이라는 뜻도 있지만 주인공이라는 뜻도 있다.

회화 27. What is the weather like today?

"오늘 날씨가 어때요?"를 영어로 무엇이라고 할까? 정답은 "What is the weather like today?"이다. 영어 'what ~ like'은 영어 'how'와 뜻이 같다. 다시 말해서 "What is the weather like today?"는 "How is the weather today?"이다. "오늘 날씨가 어때요?"를 중국어로는 "今天 天氣 怎么样(진티엔 티엔치 점머양)?"이라고 한다. 중국어 '怎么(점머)'는 영어 'how'와 뜻이 같다. "날씨가 어때요?" 를 일본어로 하면 "えきはどうですか(에끼와도우데스까)?"이다.

용어 28. daily bread

일용할 양식을 영어로 무엇이라고 할까? 정답은 'daily bread'이다. 직역하면 '매일의 빵'이다. 우리에게는 빵이 주식이 아니지만 유럽 권에서는 빵이 주식이다. 2009년에 터키에 간 적이 있는데 그곳에서는 빵이 주식이고 밥은 환자용이라고 들었다. 성경의 주기도문에 "우리에게 일용할 양식을 주옵시고"라는 말이 나온다. 여기에서 '일용할 양식'을 영어로 'daily bread'이다.

기적의 1분영어

용어 29. maze, labyrinth

'迷路(미로)'를 영어로 무엇이라고 할까? 정답은 'maze', 'labyrinth'이다. 미로를 우리말로 하면 '미혹된 길'이라는 뜻이다. 가수 최진희의 노래 〈사랑의 미로〉에 이런 가사가 있다.

끝도 시작도 없이 아득한 사랑의 미로여.

사랑은 정말 영원한 미로이다. 영화 〈Maze Runner〉는 섬에 표류한 소년들이 미로에서 달리는 이야기이다. 제주도에 가면 '미로 공원'이 있다. 미로는 끝을 알 수 없는 길이다. 어찌 보면 우리의 인생 자체가 끝을 알 수 없는 미로 게임이다.

용어 30. synesthesia

공감각(共感覺)을 영어로 무엇이라고 할까? 정답은 synesthesia 이다. 공감각은 하나의 감각이 다른 영역의 감각을 일으키는 것을 말한다. 영어 접두사 'syn-'은 '함께'라는 의미를 가지고 있다. 그러면 공감각이 쓰인 예를 시를 통해서 알아보자. 회화적인 시로 유명한 김광균 시인의 시 가운데 「외인촌」이 있다. '외인촌'이란 외국인 마을이라는 뜻이다. 이 시에 공감각이 나타난 행이 있다.

분수처럼 흩어지는 푸른 종소리

종소리는 원관념이고 분수는 보조관념이다. 시에서 '~처럼' 앞에 나오는 단어는 보조관념으로 이해하면 좋다. 그러면 '분수처럼 흩어지는 푸른 종소리'는 시각의 청각화일까? 아니면 청각의 시각화일까? 정답은 청각의 시각화이다. 들리는 종소리를 보이는 분수로 표현했기 때문이다. 이렇게 시에서 한 행에 두 개 이상의 감각이 동시에 나타날 때 공감각이라고 말한다.

법에 있어서 소유권의 의미

법학 용어에 소유권이 있다. 소유권을 한자로 분석해 보자. '所(소)'는 '~하는 바'라는 뜻이고 '有(유)'는 '있다'는 뜻이고 '權(권)'은 '권리'라는 뜻이다. 이 세 글자의 뜻을 합하면 '있는 바에 관한 권리'라는 뜻이다. '소유권'은 일본인에 의해서 만들어진 법률 용어이다. 소유권을 독일어로는 'eigentumsrecht'라고 한다. 독일어로 'eigen'은 '나'라는 뜻이고 'tum'은 명사화시키는 어미이고 'recht'는 '권리'라는 뜻이다. 소유를 의미하는 한자는 조선 시대 『경국대전』에 '己有(기유)'라고 나와 있다. '기유'는 '내 몸에 있다'는 뜻이다. 다시 말해서 '기유'는 '내 것'이라는 뜻이다.

회화 31. You stole my heart.

"당신이 내 마음을 훔쳤어요."를 영어로 무엇이라고 할까? 정답은 "You stole my heart."이다. 누군가의 마음을 훔친다는 것은 그 사람이 남자이든 여자이든 매력적인 사람이라는 것을 의미한다. 흥미 있는 사실은 우리말과 영어가 표현이 똑같다는 것이다. 영어는 서구적인 표현이 많아서 우리말과 다르게 표현하는 경우가 많은데 이 문장은 우리말과 한 글자도 틀리지 않고 똑같이 표현된다.

용어 32. golden parachute

'golden parachute'를 우리말로 무엇이라고 할까? 정답은 회사가 망하고 은퇴해도 먹고 살 것이 많은 CEO이다. CEO는 무슨 글자의 약자일까? Chief Executive Officer이다. 직역하면 '주요한 행정 관리' 즉 '최고 경영자'이다. 'golden parachute'를

직역하면 '황금 낙하산'이다. 그냥 천으로 만들어진 낙하산이 아니라 황금 낙하산이다. 그 자체만으로도 엄청난 자산이다.

회화 33. First come, first served.

"First come, first served."를 우리말로 무엇이라고 할까? 직역하면 "먼저 오면 먼저 대접받는다."이다. 정답은 '선착순(先着順)'이

다. 선착순이란 먼저 도착하는 차례를 말한다. 한자로 '先(선)'은 먼저, '着(착)'은 도착, '順(순)'은 순서를 의미한다.

사자성어 34. By searching the old, learn the new.

'溫故知新(온고지신)'이란 "옛 것을 익혀서 새 것을 안다"라는 의미이다. 그럼 '온고지신'을 영어로 무엇이라고 할까? 정답은 "By searching the old, learn the new."이다. 직역하면 "오래된 것을 찾음으로써 새 것을 배워라."이다. 영어에서 'by ~ing'는 '~함으로써'라는 뜻을 가지고 있다. 유교의 창시자 공자는 〈논어〉에서 "溫故而知新, 可以爲師矣(온고이지신, 가이위사의)"라고 하셨다. 이 말의 의미는 "옛 것을 익혀서 새 것을 알면 가히 스승이 될 만하다"라는 뜻이다. 온고지신은 21세기에 아주 중요한 원칙이다.

☕ 브레이크 타임

"그는 거의 죽을 뻔했다."를 영어로 무엇이라고 할까? 정답은 "He came near dying."이다. 직역하면 "그는 죽음 가까이에 왔다." 이다. 죽음 가까이에 왔다는 것은 거의 죽을 뻔했다는 의미다.

약어 35. ASMR

자율감각 쾌락반응을 영어로 무엇이라고 할까? 정답은 Autonomous Sensory Meridian Response이다. 영어 'autonomous'는 '자율적인'이라는 뜻이고 'sensory'는 '감각의'라는 뜻이고 'meridian'은 '중간의'라는 뜻이고 'response'는 '반응'이라는 뜻이다. ASMR은 쉽게 말해서 뇌를 자극해서 심리적인 안정을 얻는 영상을 말한다. 예를 들면 바람이 부는 소리, 눈길 위에서 바스락거리는 소리 등이다. ASMR은 청각이 중심이 되고 촉각과 시각, 후각 등이 부수적인 요소가 된다. ASMR을 네 글자로 하면 백색소음이다. 백색소음은 우리의 주변에서 일어나는 여러 가지 잡음들의 총합이다.

회화 36. Bring yourself.

"몸만 오세요."를 영어로 무엇이라고 할까? 정답은 "Bring yourself."이다. 직역하면 "너 자신을 데리고 오라."이다. 영어 단어 'bring'은 사물에 쓰이면 '가지고 오다'라는 뜻을 가지고 사람에 쓰이면 '데리고 오다'라는 뜻을 가지고 있다. "몸만 오세요."라는 말은 다른 것은 아무 것도 가지고 오지 말고 몸만 오라는 의미이다.

명언 37. Health is worth more than learning.

"건강이 배움보다 더 가치가 있다."를 영어로 무엇이라고 할까? 정답은 "Health is worth more than learning"이다. 건강은 가장 중요한 자산이다. 이 말은 미국 독립선언문을 기초했으며 미국 제3대 대통령을 지낸 토마스 제퍼슨이 한 말이다. 배우는 것도 건강이 바탕이 되어야만 할 수 있다.

격언 38. However humble it may be, there's no place like home.

"아무리 초라하다 할지라도 집과 같은 곳은 없다."를 영어로 무엇이라고 할까? 정답은 "However humble it may be, there's no place like home."이다. 아무리 넓고 좋은 곳에서 잠을 자도 작은 내 집이 더 편안하게 느껴진다. 〈즐거운 나의 집〉이라는 노래가 있다.

이 노래는 이렇게 시작된다. "즐거운 곳에서는 날 오라 하여도 내 쉴 곳은 작은 집 내 집뿐이리." 나와 삶을 같이한 나의 집에는 나의 정신이 깃들어 있다.

문학작품 39. The stars never rise but I feel the bright eyes of beautiful Annabel Lee.

"The stars never rise but I feel the bright eyes of beautiful Annabel Lee." 이 문장을 해석하면 어떻게 될까? 정답은 "별이 뜰 때면 나는 항상 아름다운 애너벨 리의 밝은 눈동자를 떠올린다."이 다. 영단어 'but'은 '그러나'의 뜻도 있지만 '~을 제외하고'라는 뜻도 있다. 이 문장을 직역하면 "내가 아름다운 애너벨 리의 밝은 눈동자 를 떠올리지 않으면 결코 별들이 떠오르지 않는다."이다. 이 구절은 미국의 소설가 애드거 앨런 포의 「애너벨리」에 나오는 대사이다. 이 시의 첫 연은 이렇게 시작한다.

그녀의 이름은 애너벨 리

이 소녀는 다른 생각은 하지 않고 살았지
나를 사랑하고 내게 사랑받는 것 외에는

내가 생각할 사람이 있고 나를 생각해 줄 사람이 있다는 것은 인생에서 크나큰 행복이다.

회화 40. Spring is just around the corner.

"봄이 가까이 왔다."를 영어로 무엇이라고 할까? 정답은 "Spring is just around the corner."이다. 직역하면 "봄이 바로 모퉁이 주변에 있다"라는 뜻이다. 가수 박인희의 노래 〈봄이 오는 길〉은 봄이 찾아오는 기쁨을 이야기하고 있다.

산 너머 조붓한 오솔길에 봄이 찾아온다네.
들 너머 고향의 논밭에도 온 다네.

'조붓한'이란 '조금 좁은 듯하다'라는 뜻이다. 만물이 소생하는 계절인 봄은 누구나 좋아하는 계절이다. 여러분의 인생에도 봄이 찾아오기를 바랍니다.

속담 **41**. Hunger is the best sauce.

"시장이 반찬이다."를 영어로 무엇이라고 할까? 정답은 "Hunger is the best sauce."이다. 직역하면 "배고픔은 가장 좋은 양념이다." 라는 뜻이다. 몇 끼를 굶으면 간장 하나만 있어도 밥을 두 그릇도 먹는다. 이럴 때 쓰는 표현이 바로 "Hunger is the best sauce."이다.

속담 **42**. It never rains but it pours.

"왔다 하면 장대비다."를 영어로 무엇이라고 할까? 정답은 "It never rains but it pours."이다. 직역하면 "퍼붓는 것을 제외하고는 결코 비가 오지 않는다."라는 뜻이다. 이 표현에서 'but'은 '그러나'라는 뜻이 아니라 '~을 제외하고'라는 뜻이다. "왔다 하면 장대비다."를 한자로는 '禍不單行(화불단행)'이라고 한다. "재앙은 혼자 오지 않는다."는 뜻이다. 좋지 않은 재앙이 연달아 발생할 때 쓰는 표현이다.

속담 **43**. A little knowledge is a dangerous thing.

"선 무당이 사람 잡는다."를 영어로 무엇이라고 할까? 정답은 "A little knowledge is a dangerous thing."이다. 직역하면 "작은 지식은 위험한 것이다."이다. 선무당은 어설픈 무당을 말한다. 여기에서 난센스 퀴즈 나간다. 선무당의 반대말은 무엇일까? 정답은 앉은무당이다. "선무당이 사람 잡는다."라는 표현을 영어로 이야기할 때에 무당(shaman)이라는 단어를 쓰면 절대로 안 된다.

용어 44. amphibian

'양서류'를 영어로 무엇이라고 할까요? 정답은 'amphibian'이다. '兩棲類(양서류)'란 물과 땅 양쪽에 서식하는 동물이라는 뜻이다. '개구리'가 대표적인 예이다. 재미있는 것은 'amphibian'은 장갑차라는 뜻도 있다. 어떻게 amphibian이 장갑차라는 뜻을 가질까? 양서류도 수륙 양용이지만 장갑차도 수륙양용이다. 우리말에서는 양서류와 장갑차는 전혀 다른 뜻이지만 영어에서는 물과 육지 두 곳에 존재한다는 의미로 amphibian은 양서류도 되고 장갑차도 된다.

회화 45. I'd like to open an account.

"통장을 하나 개설하고 싶은데요."를 영어로 무엇이라고 할까? 정답은 "I'd like to open an account."이다. 직역하면 "나는 하나의 계좌를 열고 싶습니다."이다. 영어 'I'd like to~'는 "나는 ~하고 싶다."라는 뜻이고 'account'는 '계좌'라는 뜻이다. 계좌를 연다는 것은 통장을 개설한다는 의미이다.

회화 46. It is no use crying over spilt milk.

"엎질러진 우유에 대해 울어봐야 소용없다."를 영어로 무엇이라고 할까? 정답은 "It is no use crying over spilt milk."이다. 영어 표현 중에서 'It is no use~ing'는 '~해봐야 소용없다'라는 뜻이다.

이 문장에서 'over'는 '~에 대하여'라는 뜻을 가지고 있다. 지나간 일은 후회해 봐야 아무 소용없다.

문학작품 47. Life's but a walking shadow, a poor player.

"Life's but a walking shadow, a poor player." 이 문장을 우리말로 어떻게 번역할까? 정답은 "인생은 걸어 다니는 그림자, 서투른 연극배우"이다. 이 문장에서 'but'은 '그러나'라는 뜻이 아니라 '다만'이라는 뜻이고 'poor'는 '가난한'이라는 뜻이 아니라 '서툰'이라는 뜻이다. 셰익스피어의 4대 비극 중 하나인 『맥베스』에 나오는 대사이다. 맥베스가 자기의 부인과 함께 던컨 왕을 시해하고 얼마 후 자기의 부인이 죄책감으로 벼랑에서 떨어져서 죽는 것을 보면서 맥베스가 인생에 대해 이야기하는 대사이다.

Out, out, brief Candle!

Life's but a walking shadow, a poor player

That struts and frets his hour upon the stage,

And then is heard no more ; it is a tale

Told by an idiot, full of sound and fury,

Signifying nothing.

꺼져라, 꺼져, 짧은 촛불아!

인생이란 단지 걸어 다니는 그림자,

서투른 배우

무대 위에서 거드럭거리고 애태우

다가

영원히 사라져버리는 인생이란 바

보의 이야기

헛소리와 분노에 가득 차고

아무런 의미도 없다. *(5막 5장)*

▲저자가 대학교 3학년때 공부한 맥베스의 원문

이것은 셰익스피어가 삶에 대해서 말하는 명대사이다. 이처럼 인생은 무상하며 의미 없는 그림자이다. 우리는 현실 속에 살면서 허영이 마치 현실인 것처럼 생각하며 산다. 인생은 잘못된 것이 있다고 해서 'NG'라고 하고 처음부터 영화처럼 장면을 다시 촬영할 수 없다. 연극과 같은 삶을 사는 것이 우리 인생이다. 단 한 번뿐인 인생 후회 없이 살자.

속담 48. Out of sight, out of mind

"시야에서 멀어지면 마음에서 멀어진다."를 영어로 무엇이라고 할까? 정답은 "Out of sight, out of mind."이다. 직역하면 "시야 밖에 있으면 마음 밖에 있다."이다. 초당(初唐) 시인 왕발(王勃)은 자신의 친구와 이별하며 쓴 이별시의 한 대목이다.

세상에 나를 알아주는 사람이 있다면 하늘 끝에 있어도 이웃과 같네. 海內存知己 天涯若比隣(해내존지기 천애약비린)

오늘날까지 사람들 입에 오르내리는 천하의 명구이다. 그는 몸이 떨어져 있어도 절친한 벗과는 이웃과 같다고 이야기했다. 예전에 캐나다로 5년 정도 유학을 간 친구가 있었다. 비록 몸은 멀리 떨어져 있었지만 매주 이메일을 한 통씩 주고받다 보니 마치 친구가 한국에 있는 것처럼 느껴졌다. 그러나 일반적으로 몸이 떨어져 있으면 마음도 멀어지는 것은 부인할 수 없는 사실이다.

약어 49. MRI

MRI의 뜻이 우리말로 무엇일까? 정답은 자기공명영상법(磁氣共鳴映像法)이다. 자기공명영상법이란 자력에 의해서 발생하는 자기장을 이용해서 촬영하는 첨단의학기계를 의미한다. MRI는 magnetic resonance imaging의 약자이다. 그러면 CT의 뜻은 우리말로 무엇일까? CT는 컴퓨터 단층 촬영을 의미하고 영어로는 Computed Tomography의 약자이다. CT는 뼈나 장기 등 단단한 조직 내부 검사에 이용된다. MRI는 뇌 부분을 좀 더 자세히 보려고 할 때 좋은 검사이다.

회화 50. A dragon is an imaginary animal.

"용은 상상의 동물이다."를 영어로 무엇이라고 할까? 정답은 "A dragon is an imaginary animal."이다. 영단어 'imagine'은 '상상하다'라는 뜻을 가지고 있다. 'imagine'의 형용사는 세 개가 있다.

1) imaginary: 상상의

    ex) imaginary number

        허수(虛數), 수학에서 허수를 i라고 하는데 i는 imaginary number의 약자이다. 제곱해서 −1이 되는 가상의 수를 수학에서는 허수라고 한다.

> i의 제곱= −1, i의 네제곱= +1

2) imaginable: 상상할 수 있는

    ex) the finest flower imaginable

        더없이 아름다운 꽃

3) imaginative: 상상력이 풍부한

    ex) He is imaginative.

        그는 상상력이 풍부하다.

'−ary', '−able', '−ative' 등은 형용사를 만드는 접미사이다. 난센스 퀴즈 하나 나간다. 용 두 마리가 싸우다 죽으면 무엇이라고 할까? 정답은 "용용 죽겠지."이다.

약어 51. UNESCO

UNESCO를 우리말로 무엇이라고 할까? 정답은 국제 연합 교육 과학 문화 기구이다. 유네스코는 교육, 과학, 문화 활동을 통하여 세계의 평화와 발전을 위해 노력하는 연합기구이다. UNESCO는 영어 United Nations Educational, Scientific and Cultural Organization의 약자이다. 2014년에 남한산성도 유네스코 세계 문화유산에 등록되었다. 유네스코 세계 문화 유산은 유네스코에서 인류의 소중한 문화 및 자연 유산을 보호하기 위해 지정한 것이다.

속담 52. A rolling stone gathers no moss.

"구르는 돌에는 이끼가 끼지 않는다."라는 말이 있다. 이 말은 "부지런히 그리고 열심히 노력하는 사람은 계속 발전한다."라는 뜻을 가지고 있다. 그러면 "구르는 돌에는 이끼가 끼지 않는다."를 영어로 무엇이라고 할까? 정답은 "A rolling stone gathers no moss."이다. 직역하면 "구르는 돌은 이끼를 모으지 않는다."이다. 우리말 속담에 "우물을 파도 한 우물을 파라."가 있다. 직업을 자주 바꾸는 것보다는 하나의 직업을 깊이 파고드는 것이 성공의 지름길이라는 의미로 이해하면 된다.

회화 53. Let's call it a day.

"오늘은 이걸로 마치죠."를 영어로 무엇이라고 할까? 정답은 "Let's call it a day."이다. 직역하면 "그것을 날이라고 부르자."이다. 술자리가 있을 때 술을 마시고 마무리할 시점에 쓰는 표현이다. 또는 업무가 많을 때 업무를 하다가 마무리할 때 쓰는 표현이다.

속담 54. Stabbed in the back

"믿는 도끼에 발등 찍힌다."를 영어로 무엇이라고 할까? 정답은 "Stabbed in the back"이다. 직역하면 "등 뒤에서 칼에 찔린다."이다. 자신이 정말 신뢰하는 사람에게 배신당할 때 쓰는 표현이다. 'stab'은 '찌르다'의 뜻을 가지고 있고 'stabbed'는 '찔린'이라는 뜻을 가지고 있다. 'back'은 뒷부분 즉 등 뒤를 가리킨다.

격언 55. Let bygones be bygones.

"지나간 일은 지나간 대로 내버려 둬라."를 영어로 무엇이라고 할까? 정답은 "Let bygones be bygones."이다. 'bygone'은 지나간 것을 의미한다. 영어 'let'은 '~하게 하다'라는 뜻이고 영어 'be'는 '되다'라는 뜻이다. 이미 지나간 일은 시위를 떠난 화살처럼 쏘아놓은 화살이다. 지나간 일에 후회하기보다는 새로운 일을 잘하겠다는 희망이 더 필요하다.

한자 성어 56. Know yourself and understand your enemy and your victory in any battle will not be in jeopardy.

'知彼知己, 百戰不殆(지피지기, 백전불태)'란 "적을 알고 나를 알면, 백 번 싸워도 백 번 위태롭지 않다."라는 뜻이다. 그럼 '지피지기, 백전불태'를 영어로 무엇이라고 할까? 정답은 "Know yourself and understand your enemy and your victory in any battle will not be in jeopardy."이다. 직역하면 "너 자신을 알고 너의 적을 이해하면 어떤 전투에서든지 너의 승리는 위험에 있지 않을 것이다."이다. 여덟 글자의 한자를 영작하면 아주 긴 영어 문장이 된다. 이 말은 손자병법에 나오는 말이다. 우리가 흔히 '지피지기, 백전백승(적을 알고 나를 알면 백 번 싸워서 백 번 이긴다)'으로 알고 있는데, 이것은 위태롭지 않다는 뜻의 '불태(不殆)'가 백번 이긴다는 뜻의 '백승(百勝)'으로 잘못 쓰인 것이다. 이 말은 인간관계에서도 적용된다. 상대방의 마음을 잘 헤아려서 그 사람의 마음을 움직여야 상대방과의 관계가 호의적인 관계가 된다.

관용적 표현 57. He was framed.

"그는 누명을 썼다."를 영어로 무엇이라고 할까? 정답은 "He was framed."이다. 직역하면 "그는 틀에 맞추어졌다."이다. 여러 사람이 한 사람에게 누명을 씌울 경우 자신들이 각본을 짜고 그 틀에 그 사람을 집어넣는다. 틀에 넣어지는 것은 누명을 쓰는 것이다.

관용적 표현 58. He has his head in the clouds.

"그는 비현실적이다."를 영어로 무엇이라고 할까? 정답은 "He has his head in the clouds."이다. 직역하면 "그는 구름들 속에 그의 머리를 가지고 있다."이다. 구름들 속에 머리를 가지고 있다는 것은 비현실적이라는 의미이다. 우리는 어떤 사람이 비현실적인 이야기를 하는 것을 들을 때 그 사람은 뜬 구름 잡는 이야기를 한다고 말한다. "He has his head in the clouds."는 이때 쓰는 영어이다.

관용적 표현 59. I lost track of time.

"시간 가는 줄 몰랐어."를 영어로 무엇이라고 할까? 정답은 "I lost track of time."이다. 직역하면 "나는 시간의 길을 잃어버렸다."이다. 무언가에 빠져 있으면 어떻게 시간이 지나가는지 모르게 된다. 이럴 때 쓰는 영어 표현이 바로 "I lost track of time."이다. "시간 가는 줄 몰랐어"를 영어로 "I didn't know that time passed."라고 말하면 콩글리시이다.

관용적 표현 60. Don't blow your own trumpet.

'自畵自讚(자화자찬)'은 "자신이 그린 그림에 대해 자신이 칭찬한 다"라는 뜻이다. 그럼 "자화자찬하지 마세요."를 영어로 무엇이라고 할까? 정답은 "Don't blow your own trumpet."이다. 직역하면 "너 자신의 트럼펫을 불지 마라."이다. 영어에서는 자기 자신의 트럼펫을 분다는 것과 자화자찬을 같은 의미로 해석한다.

관용적 표현 61. I bought the house for a song.

"나는 그 집을 헐값에 샀어."를 영어로 무엇이라고 할까? 정답은 "I bought the house for a song."이다. 직역하면 "나는 노래에 그 집을 샀다."이다. 노래 한 곡에 집을 샀다는 것은 집을 아주 싼 가격 에 샀다는 것을 의미한다. 이 표현에서 전치사 for는 '~에 대한ㅈ 대 가로'라는 뜻으로 쓰였다.

팝송 62. You raise me up.

"You raise me up."을 우리말로 무엇이라고 할까? 정답은 "당신 은 나를 성장시킨다."이다. 직역하면 "당신은 나를 완전히 들어 올린 다"이다. 누군가를 완전히 들어 올린다는 것은 성장시킨다는 것을 의미한다. 영어 단어 'raise'는 1. 들어 올리다 2. 기르다, 양육하다 3. 모으다 4. 들어 올리다 5. 임금 인상 등 여러 가지 뜻을 가지고 있다.

격언 63. Every rose has its thorn.

"완전무결한 행복은 없다."를 영어로 무엇이라고 할까? 정답은 "Every rose has its thorn."이다. 직역하면 "모든 장미는 그 가시를 가지고 있다."이다. 장미는 아름답지만 그 아름다움 이면에는 가시가 있다. '가시'는 고난을 상징한다. "완전무결한 행복은 없다."의 또 다른 표현으로 "There is no rose without a thorn."이 있다. 직역하면 "가시 없는 장미는 없다"이다.

☕ 브레이크 타임

단계별 영어 회화의 실력 차이

네 사람이 영화를 보고 나왔다고 가정해 보자. A는 영어회화 초급, B는 영어회화 중급, C는 영어회화 고급, D는 질문자이다. 영화가 재미있었다는 전제하에 D가 세 사람에게 "오늘 본 영화 어땠어?"라고 물어보았다고 하자. 그러면 A는 "Good(좋았어)" 정도로 대답할 것이다. B는 "The movie was wonderful(그 영화는 놀라웠어)." 정도로 대답할 것이다. C는 "I lost track of time because the story caught my eye(이야기가 내 시선을 사로잡아서 시간 가는 줄 몰랐어)"라고 대답할 것이다. 영어에서 "lose track of time"은 시간 가는 줄 모른다는 뜻이고 "catch one's eye"는 "누군가의 시선을 사로잡다"라는 뜻이다. "시간 가는 줄 몰랐다."라는 표현을 "I didn't know the time was going by."라고 하는 것보다는 "I lost track of time."이라고 말하는 것이 훨씬 더 수준이 높은 회화이다.

격언 64. In unity there is strength.

"뭉치면 살고 흩어지면 죽는다."를 영어로 무엇이라고 할까? 정답은 "In unity there is strength."이다. 직역하면 "통합 속에 힘이 있다"이다. 무슨 일이든지 통합이 중요하다. 각자가 자신의 의견만 주장하고 통합이 없다면 그것은 분열의 지름길이다. 같은 표현으로는 "United we stand, divided we fall."이 있다. 직역하면 "연합하면 우리는 서있고, 나누어지면 우리는 떨어진다."이다. '正(정)'과 '反(반)'이 통합될 때 '合(합)'이 된다. 통합은 성공의 지름길이다. 각종 사회 문제가 발생하는 가장 큰 이유가 통합의 부족 때문이다.

회화 65. Don't bother.

"그럴 필요 없어요."를 영어로 무엇이라고 할까? 정답은 "Don't bother."이다. 직역하면 "괴롭히지 마라."이다. "(자신을 일부러) 괴롭히지 마라."라는 말의 의미는 일부러 그렇게 힘들게 할 필요가 없다는 뜻이다. 영단어 'bother'는 '괴롭히다'라는 뜻과 '일부러 ~하다'라는 뜻을 동시에 가지고 있다. "일부러 안 웃지 마라."를 영어로 하면 "Don't bother not to smile"이다. "일부러 웃지 않으려고 자신을 괴롭히지 마라"라는 뜻이다. 가수 서주경의 노래 〈당돌한 여자〉의 가사는 이렇게 시작한다.

일부러 안 웃는 거 맞죠.
나에게만 차가운 거 맞죠.

한 여성이 자신의 속마음을 솔직하게 드러낸 내용의 노래로 많은 사람들에게 인기를 얻었다.

책 제목 66. Those who were born in the 1990s are coming.

〈90년생이 온다〉를 영어로 무엇이라고 할까? 정답은 "Those who were born in the 1990s are coming."이다. 영어 those who는 '~하는 사람들'이라는 뜻이다. "90년대생이 온다."가 정확한 영어 표현이다. 임홍택 작가는 이 책에서 90년대생의 특징을 '간단하거나',' 재미있거나', '정직하거나'로 표현했다. 줄임말을 좋아하고 삶의 유희를 추구하고 공정한 채용 시스템을 좋아하는 점이 90년대생의 일반적인 특징이다.

사자성어 67. Roses and maidens soon lose their bloom.

'權不十年(권불십년)'이란 "권세는 10년이 되지 않는다."라는 뜻이다. '권불십년'을 영어로 무엇이라고 할까? 정답은 "Roses and maidens soon lose their bloom."이다. 직역하면 "장미들과 소녀들은 그들의 개화와 젊은 아름다움을 잃는다."이다. 영어 'bloom'은 '개화'와 '젊은 아름다움'의 두 가지 뜻을 함께 가지고 있다. 권세가 10년을 넘지 않듯 꽃이 만발하게 핀 장미와 소녀의 젊고 아름다운 모습은 오래 존재하지 않는다. 권불십년을 다른 말로 '花無十日紅(화무십일홍)'이라고도 하고 "달도 차면 기운다."라고도 한다.

회화 68. This is on the house.

"서비스로 해드리는 거예요."를 영어로 무엇이라고 할까? 정답은 "This is on the house."이다. 직역하면 "이것은 집에서 하는 것과 마찬가지예요."이다. 집에서 음식을 해서 사람들을 초대하면 돈을 받고 파는 것이 아니므로 집에서 하는 것처럼 해 준다는 것은 서비스로 해 준다는 것과 같은 뜻이다.

문학작품 69. If you go away, tired of me, I will send you
without saying anything.

민족시인 김소월 시인의 「진달래꽃」이라는 시에 나오는 첫 연은
"나보기가 역겨워 가실 때에는 말없이 고이 보내 드리오리다."로 시
작한다. 이 부분을 영작하면 어떻게 될까? 정답은 "If you go away,
tired of me, I will send you without saying anything."이다. 김
소월의 시 「진달래꽃」에서는 시적 화자인 여성이 사랑하는 님을 보내
고 싶지 않은 마음이 드러나 있지만, 영어에는 사랑하는 님을 보내고
싶지 않은 숨겨진 마음이 드러나지 않는다. 그의 시 「진달래꽃」에는
슬프지만 슬퍼하지 않는 마음이 잘 나타나 있다.

단어 70. big mouth

'수다쟁이'를 영어로 무엇이라고 할까? 정답은 'big mouth'이
다. 직역하면 '큰 입'이다. 입이 크다는 것은 말
을 많이 한다는 것을 상징한다. 얼굴에는 눈,
코, 입, 귀가 있는데 입이 큰 사람은 눈, 코, 귀
가 작아 보인다. 한국어에서도 "입만 살아가지
고."라는 표현이 있다. 이 표현이 영어로 big
mouth를 의미한다.

격언 71. If you laugh, blessings will come your way.

"웃으면 복이 와요."를 영어로 무엇이라고 할까? 정답은 "If you laugh, blessings will come your way."이다. 직역하면 "만약 네가 크게 웃으면 축복이 당신의 길로 올 것이다."이다. '一怒一老(일로일로), 一笑一少(일소일소)'라는 말이 있다. 이 말은 "한 번 화내면 한 번 늙게 되고, 한 번 웃으면 한 번 젊어진다."라는 의미이다. 이미지 메이킹을 공부하다 보면 아침에 일어나서 입을 크게 벌리면서 "아에 이오우"라고 발음하라는 내용이 나온다. 이렇게 하면 우리의 인상도 좋아지고 얼굴이 밝아지게 된다. 웃으면 복이 오는 법이다.

회화 72. How can you be human and behave that way?

"어떻게 너는 인간의 탈을 쓰고 그럴 수가 있지?"를 영어로 무엇이라고 할까? 정답은 "How can you be human and behave that way?"이다. 직역하면 "어떻게 너는 사람인데 그런 방법으로 행동할 수 있지?"이다. '인간의 탈을 쓰고'를 영작할 때에 'wear a human mask'라고 영작하면 콩글리시이다. '인간의 탈을 쓰고'는 영어로 'be human(인간이다)'이라고 한다.

관용적 표현 73. I have a frog in my throat.

"나는 목이 잠겼다."를 영어로 어떻게 표현할까? 정답은 "I have a frog in my throat."이다. 직역하면 "나는 목구멍에 개구리가 있다."이다. 목이 잠기면 말이 안 나온다. 목구멍에 개구리가 있어도 말이 안 나온다. "I get a frog in my throat."라고 해도 같은 뜻이다. 목구멍에 개구리가 있다는 의미이다.

한자성어 74. He who doesn't make a mistake makes nothing.

'병가지상사(兵家之常事)'란 병법을 하는 집안에서 흔히 있는 일이라는 뜻이다. "한 번 실수는 병가지상사"를 영어로 무엇이라고 할까? 정답은 "He who doesn't make a mistake makes nothing"이다. 직역하면 "실수를 하지 않는 사람은 아무 것도 하지 못한다."이다. 인생에 성공만이 좋은 것은 아니다. 우리가 어떤 일에 실패했다고 좌절하지 말고 그 실패를 밑거름 삼아서 성공에 이른다면 그 실패는 인생에 있어서 값진 교훈이라 할 수 있다.

사자성어 75. The butterfly effect

'일파만파(一波萬波)'는 "하나의 물결, 만 개의 물결"이라는 뜻이다. 일파만파를 영어로 무엇이라고 할까? 정답은 'The butterfly effect'이다. 직역하면 '나비 효과'이다. 미국에서 나비가 날개 짓을 하면 중국에서 태풍이 일어난다는 뜻이다. 하나의 작은 움직임이 큰 움직임을 일으킬 때 쓰는 말이다.

관용적 표현 76. I'm getting cold feet.

"나는 겁이 나."를 영어로 무엇이라고 할까? 정답은 "I'm getting cold feet."이다. 직역하면 "나는 차가운 발들을 가지고 있다"이다. 무언가에 겁이 나면 행동을 실행에 옮기는 발이 점점 이 차가워지게 된다. 이때 쓰는 영어 표현이 "I'm getting cold feet."이다.

회화 77. Save for a rainy day

"Save for a rainy day."를 우리말로 무엇이라고 할까? 직역하면 "장마철을 위해서 저축하라."이다. 장마철을 위해서 저축한다는 것은 만약의 경우에 대비하여 저축하는 것이다. 평상시에 장마철에 대비해서 배수구는 잘 빠지는지, 축대는 괜찮은지 조사하는 것처럼 만약의 경우에 대비하는 것이다.

문학작품 78. That which we call a rose, by any other name, would smell as sweet.

"That which we call a rose, by any other name, would smell as sweet." 이 문장을 우리말로 어떻게 번역할까? 정답은 "장미는 어떤 이름으로 불려도 장미의 향기는 그대로일 것입니다."이다. 이 대사는 셰익스피어의 작품 『로미오와 줄리엣』에 나오는 대사이다. 두 집안의 원한 관계로 두 사람이 사랑할 수 없다는 것을 알면서도 사랑하는 두 남녀의 애틋함이 묻어나는 작품이다. 장미는 설사 할미꽃으로 불린다고 해도 그 향기는 달콤하다. 줄리엣의 "Deny thy father. Refuse thy name(그대의 아버지를 부인하고 그대의 이름을 거절하세요)."이라는 말에 대한 로미오의 대답이다.

문학작품 79. I have loved him. I do love him. And I will always love him.

"나는 그를 사랑해 왔고 현재도 나는 그를 진심으로 사랑하고 앞으로도 나는 그를 언제나 사랑할 것이다." 이 문장을 어떻게 영어로 표현할까? 정답은 "I have loved him. I do love him. And I will always love him."이다. 이 말은 미국의 작가 펄 벅이 쓴 『북경에서

온 편지』라는 작품에 나오는 대사이다. 이 문장의 'him'이라는 단어를 'you'로 고쳐서 읽어 주면 감동하지 않을 사람이 있을까?

책 제목 80. 당신이 주문한 꿈은 매진입니다.

"당신이 주문한 꿈은 매진입니다."를 영어로 무엇이라고 할까? 정답은 "The dream you ordered is sold out."이다. 'sold out'은 완전히 팔렸다는 뜻이다. 2020년을 뜨겁게 달군 소설로 〈달러구트 꿈백화점〉이 있다. 잠이 들어야만 입장 가능한 백화점에서 손님들이 다양한 꿈으로 희망을 찾는 이야기이다. R(Realization)=VD(Vivid Dream) 즉 생생한 꿈을 꾸면 실현된다는 『꿈꾸는 다락방』에 나오는 말처럼 꿈을 향해 열심히 노력해보자.

회화 81. He is the last man to tell a lie.

"그는 결코 거짓말할 사람이 아니다."를 영어로 무엇이라고 할까? 정답은 "He is the last man to tell a lie."이다. 직역하면 "그는 거짓말을 할 마지막 사람이다."이다. '거짓말할 첫 번째 사람'이 거짓말을 가장 잘하는 사람이고 '거짓말할 마지막 사람'이 거짓말을 가장 못하는 사람이다.

속담 82. Slow and steady wins the race.

'느릿느릿 걸어도 황소걸음'을 영어로 무엇이라고 할까? 정답은 "Slow and steady wins the race."이다. 직역하면 "느려도 꾸준하면 경기에서 이긴다."이다. 한국인이라면 누구나 아는 「토끼와 거북이」라는 이야기가 있다. 토끼와 거북이가 달리기 게임을 했는데 토끼는 빨리 달려서 거북이를 한참 앞지른다. 그래서 토끼는 그늘에서 잠을 잔다. 그 사이에 거북이는 열심히 움직여서 결승선에 도달한다. 느려도 꾸준하면 경기에서 이긴다.

용어 83. revival & remake

'revival'과 'remake'를 우리말로 무엇이라고 할까? 'revival'은 '부활'이고 'remark'는 개작판이다. 노래를 예로 들어 말하면, 원래 불렸던 노래가 시간이 흐른 후에 다시 노래되면 'revival'이고, 원래 불렸던 노래가 편곡되어 불리면 'remake'이다. "네가 나를 모르는데"로 시작하는 가수 김국환의 노래〈타타타〉가 처음 불렸을 당시에는 인기를 얻지 못하다가 드라마〈사랑이 뭐길래〉가 공전의 히트를 치자 다시 불렸다. 이것은 리바이벌이고, 노래〈소양강 처녀〉가 가수 한서경에 의해 다시 편곡되어 불렸는데 이것이 바로 리메이크이다.

해 저문 소양강에 황혼이 지면

외로운 갈대밭에 슬피 우는 두견새야.

새야 새야 새야 새야 새야

회화 84. Don't make a fuss.

"소란 피우지 마."를 영어로 무엇이라고 할까? 정답은 "Don't make a fuss."이다. 'fuss'는 소란이라는 뜻이다. 소란을 나타내는 다른 단어로 '野壇法席(야단법석)'이 있다. 야단법석이란 불교에서 유래된 단어로 '야외의 단에서 불법을 설파하는 자리'라는 뜻이다. 불법을 설파하는 자리에 수많은 신도들이 모이면 사방이 시끄러워진다. 그게 바로 야단법석이다.

관용적 표현 85. once in a blue moon

'아주 가끔'을 영어로 무엇이라고 할까? 정답은 'once in a blue moon'이다. 직역하면 '푸른 달이 뜰 때 한 번'이다. blue moon은 두 가지 뜻이 있다. 첫째는 화산의 대규모 폭발로 인하여 대기에 화산재

들이 가득 차있을 때에 보이는 푸른빛의 달을 뜻한다. 둘째, 3년마다 한 달에 두 번 하늘 위로 떠오르는 보름달을 blue moon이라고도 한다. 이 두 상황은 모두 일어날 확률이 극히 적다. 따라서 'once in a blue moon'은 '아주 가끔'이라는 뜻이 된다.

용어 86. marketing

마케팅(marketing)을 우리말로 무엇이라고 할까? 정답은 '판매 촉진' 줄여서 '판촉'이라고 한다. 그럼 마케팅의 변천사에 대해 알아 보자.

첫째, 생산 지향성이다. 초기 마케팅에서는 경쟁 시장이 없기 때 문에 생산하면 바로 팔린다. 이게 바로 생산 지향성이다.

둘째, 제품 지향성이다. 경쟁 시장이 형성되어서 제품이 좋아야 팔린다. 이게 제품 지향성이다.

셋째, 판매 지향성이다. 제품이 아무리 좋아도 판매가 중요하다.

넷째, 고객 지향성이다. 고객을 최고로 생각하는 고객 지향성이 다. 물건을 원 플러스 원으로 판매하거나 고객이 생일일 때 노래를 틀어주고 사진 찍어주고 하는 것 등이 고객 지향성이다.

다섯째, 사회 지향성이다. 회사가 사회에 좋은 일을 하면 회사

이미지가 올라가고 그로 인해 그 회사의 제품이 잘 팔리는 것 이것이 바로 사회 지향성이다.

마케팅의 5단계를 쉽게 외우는 방법:

(생)식 (제품)을 (판매)하오니 꼭(고옥) (사)시기 바랍니다.

생식: **생산 지향성**

제품: **제품 지향성**

판매: **판매 지향성**

꼭(고옥): **고객 지향성**

사시기: **사회 지향성**

회화 87. What a shame!

"쪽 팔려."를 영어로 무엇이라고 할까? 정답은 "What a shame!"이다. 이 표현에서 'what'은 '무엇'이라고 해석하면 안 된다. 감탄문을 만들 때 쓰는 what이다. 쪽 팔린다는 것은 수치심을 느낀다는 의미이다. 자신의 얼굴이 사람들에게 오르내리면 수치심을 느끼게 된다. 이럴 때 쓰는 표현이 "What a shame!"이다.

회화 88. I'm off the hook.

"무사히 넘어갔어."를 영어로 무엇이라고 할까? 정답은 "I'm off the hook."이다. 직역하면 "나는 갈고리 밖으로 나왔어."이다. 갈고리 밖으로 나왔다는 것은 무사히 넘어갔다는 것을 의미한다. 갈고리는 영어로 'hook'라고 한다. 영화 〈피터팬〉에 나오는 후크 선장은 한 손을 상어에게 뜯겨 손 대신 갈고리를 하고 다닌다. 그래서 후크선장이다.

☕ 브레이크 타임

De Age

'De Age'를 우리말로 무엇이라고 할까? 정답은 '노화 방지'이다. 영어단어 'de-'는 '이탈', '분리'의 뜻을 가지고 있고 'age'는 '나이', '시대', '노화'라는 뜻을 가지고 있다. 따라서 'age'는 '노화'의 뜻이 되고 'De Age'는 '노화 방지'의 뜻이 된다. 화장품 '참 존'은 두 가지 의미를 가진다고 할 수 있다. '참 좋은'이라는 뜻과 'charm zone'이라는 뜻이다.

단어 89. bullfight

'투우'를 영어로 무엇이라고 할까? 정답은 'bullfight'이다. 'bull'은 '황소'를 의미하고 'fight'은 '싸움'을 의미한다. 흥미롭게도 한국에서는 투우라는 말을 쓰지 않고 소싸움이라는 말을 쓰고 스페인에서는 소싸움이라는 말을 쓰지 않고 투우라는 말을 쓴다. 한국에서 소싸움은 소들끼리 뿔을 맞대고 겨루다가 밀리는 소가 지는 경기이다. 즉 소들끼리의 싸움이다. 한국에서는 청도 소싸움이 유명하다. 반면에,

스페인에서의 소싸움은 소와 인간의 대결이다. 투우사는 붉은 천으로 소를 흥분시키고 소의 등에 칼을 꽂는다. 결국 소는 죽음에 이른다. 경기 중 투우사가 죽을 수도 있다. 스페인의 투우는 위험한 경기이다.

격언 90. No legacy is so rich as honesty.

"정직만큼 풍요로운 유산은 없다."를 영어로 무엇이라고 할까? 정답은 "No legacy is so rich as honesty."이다. 영어 표현 중에 'No~so~as'는 '~만큼 ~하지 않다'라는 표현이다. 이 말은 영국의 대문호 셰익스피어가 한 말이다. 정직은 최고의 유산이다.

☕브레이크 타임

정직

정직과 관련된 표현 중에 "Honesty is the best policy."도 있다. 영어 단어 honesty의 'h'는 묵음이어서 발음하지 않는다. 직역하면 "정직은 최고의 정책이다."다. 정직은 삶을 살아가는 원동력이다.

회화 91. The movie was released last year.

"그 영화는 작년에 개봉했어요."를 영어로 무엇이라고 할까? 정답은 "The movie was released last year."이다. 영어 'release'는 우리말로 '석방하다', '개봉하다', '출시되다' 등 여러 가지 뜻을 가지고 있다. "그 영화는 작년에 개봉했어요."를 뜻하는 다른 표현은 "The movie came out last year."이다. 그럼 개봉박두를 영어로 무엇이라고 할까? 정답은 "Coming soon"이다.

단어 92. engagement(앙가주망)

참여시를 무엇이라고 할까? 정답은 '앙가주망'이다. 영어로 'engagement'이고 불어로는 '앙가주망'이라고 읽는다. 앙가주망이란 "학자나 예술가 등이 정치나 사회 문제에 관심을 가지고 그 계획 따위에 참여하여 간섭하는 일"을 의미한다. 참여시는 "정치 문제나 사회 문제 등 현실에 대하여 비판적인 의식을 가지고 그 변화를 추구하는 내용을 담은 시"를 의미한다. 한국의 대표적인 참여 시인으로 김수영을 들 수 있다. 그의 시 「풀」은 풀 그 자체의 의미라기보다는 민중의 의미로 해석되는 시이다. 풀은 다른 의미로도 해석이 가능하다.

「풀」

김수영

풀이 눕는다
바람보다도 더 빨리 눕는다
바람보다도 더 빨리 울고
바람보다 먼저 일어난다

팝송 93. You're the kind of guy that I wanna keep away, but
it's all right.

"You're the kind of guy that I wanna keep away, but it's
all right."의 뜻을 우리말로 무엇이라고 할까? 정답은 "당신은 내가
멀리하고 싶은 종류의 사람입니다. 그러나 괜찮습니다."이다. 1970
년대와 1980년대 영국을 대표했던 그룹 둘리스(Dooleys)의 노래 가
운데 〈wanted〉가 있다. 이 노래는 이렇게 시작한다.

"You're kind of guy that I wanna keep away, but it's all
right."

당신은 내가 멀리하고 싶은 종류의 사람입니다. 그러나 괜찮습
니다.

자기를 떠난 사람을 진심으로 원한다는 노래이다. 영어 'wanted' 는 원한다는 뜻 외에 '구인광고', '지명수배'라는 뜻도 가지고 있다.

관용적 표현 94. Don't pull my leg.

"놀리지 마."를 영어로 무엇이라고 할까? 정답은 "Don't pull my leg."이다. 직역하면 "나의 다리들을 당기지 마."이다. 다리를 당긴다는 것은 놀린다는 의미이다. 영어에서는 놀린다는 것을 다리를 당긴다는 신체와 관련된 표현으로 나타낸다. 예를 들면 아빠가 잠을 주무시고 있는데 아이가 아빠의 다리를 당기며 노는 것과 비슷한 의미이다.

단어 95. bulletproof & full metal jacket

방탄조끼를 영어로 무엇이라고 할까? 정답은 bulletproof와 full metal jacket이다. 영어 단어 'bullet'은 총알을 의미하고 '-proof'는 내구성을 의미한다. bulletproof는 직역하면 총알 내구성이므로 방탄조끼이다. 영어 단어 'full metal jacket'은 직역하면 완전한 금속 상의이다. 방탄조끼의 겉 부분은 금속으로 만들어졌다.

회화 96. Today isn't my day.

"오늘은 되는 일이 없는 날이야."를 영어로 무엇이라고 할까? 정답은 "Today isn't my day."이다. 직역하면 '오늘은 나의 날이 아니다.'이다. 오늘이 나의 날이 아니니 되는 일이 없는 건 당연한 일이다. 지하철을 타러 가면 지하철 문이 닫히고 한정식을 먹으러 갔는데 식당이 문을 닫았을 경우에 쓰는 표현이다.

팝송 97. Bridge over troubled water

'Bridge over troubled water'를 우리말로 무엇이라고 할까? 정답은 "험한 세상에 다리가 되어"이다. 영어 'troubled water'는 '고해(苦海)'라는 뜻이다. 고해는 인생을 비유적으로 표현하는 단어이기도 하다. 인생은 풍랑이 이는 바다에 조각배를 띄우고 파도에 맞서 싸우는 것과 같다.

단어 98. Busking

유럽에 가면 길거리에서 노래나 연주를 하고 행인들에게 돈을 받는 길거리 공연을 하는 것을 많이 보게 된다. 그럼 '길거리 공연'을 영어로 무엇이라고 할까? 정답은 'Busking'이다. 한국의 TV에

〈Begin again〉이라는 프로그램이 있다. 뮤지션들이 외국에 가서 길거리 공연을 하는 프로그램이다. 'Begin again'이란 우리말로 "다시 시작하라."라는 뜻이다. 〈Begin again〉이라는 제목의 영화도 있다. 회사에서 해고된 주인공이 버스킹 밴드를 조직해 길거리 공연을 하며 활기를 찾는다는 것이 이 영화의 내용이다.

시 99. spring dream

'춘몽'을 영어로 무엇이라고 할까? 정답은 'spring dream'이다. 중국 당나라 시기 시인 가운데 岑參(잠삼)이 있다. 그는 변방의 이야기뿐만 아니라 애정을 다루는 시도 많이 지었다. 그의 시 가운데 「春夢(춘몽)」이 있다. '봄날의 꿈'이라는 뜻이다. 이 시는 자신과 멀리 떨어져 있는 여인을 그리워하는 시이다.

春夢(춘몽)/岑參(잠삼)

洞房昨夜春風起(동방작야춘풍기)
遙憶美人湘江水(요억미인상강수)
枕上片時春夢中(침상편시춘몽중)
行進江南數千里(행진강남수천리)

안방에 어제 밤 봄바람 일더니

나를 그리워하는 사람은 상강 저 멀리 있구나

베개 머리 짧은 봄 꿈 속에

강남 수천 리를 내리 걸었네

이 시에 나오는 '동방(洞房)'에 대해서는 '신혼방', '안방' 등 해석이 다양하고 이 시의 두 번째 구인 '요억미인상강수'는 다른 판본에서는 '故人相隔湘江水(고인상격상강수)'로도 쓰여 있다. "친한 사람과 나는 상강을 사이에 두고 서로 떨어져 있네."라는 뜻이다. 어느 판본으로 해석하든 임과 내가 서로 떨어져 있는 것은 분명하다. 이 시의 하이라이트는 두말할 나위 없이 3구와 4구이다. 떨어진 임을 그리워해서 잠깐 잠이 들었는데 베개머리 짧은 봄 꿈속에 강남 수천 리를 내리 걸었다는 시인의 말 속에 임을 향한 애절한 그리움이 감성적으로 잘 나타나 있다.

영단어 'spring'은 '봄', '용수철', '도약하다' 이렇게 세 가지 뜻을 가지고 있다. 봄이면 용수철이 튀어 오르는 것처럼 만물이 도약하는 계절이어서 spring이라고 공부하면 spring의 뜻 암기 끝.

팝송 100. You light up my life.

"내 인생을 밝혀주세요." 이 문장을 영어로 무엇이라고 할까? 정답은 "You light up my life."이다. 영어 단어 'light'은 '가벼운', '밝은', '밝히다' 등의 뜻을 가지고 있고 영어 단어 'up'은 '완전히'의 뜻을 가지고 있다. "You light up my life."는 "당신은 내 인생을 밝혀줍니다."라고 평서문으로 번역하기보다는 "내 인생을 밝혀주세요."라는 명령문의 형태로 번역하는 것이 좋다. 이 팝송은 가수 데비 분(Debby Boone)이 부른 노래로 〈내 인생의 등불〉로 번역되었다.

You light up my life.

You give me hope to carry on.

내 인생을 밝혀 주세요.

영원한 희망을 주세요.

You light up my life.

−Debby Boone

'light up'은 완전히 밝혀준다는 뜻이다. 영어 'carry on'은 '활동이나 업무를 계속하다'는 뜻이다. 'hope to carry on'을 우리말로 번역하면 '계속할 희망'이다. hope를 'to carry on'이 뒤에서 수식해 주고 있다. 이를 문법적으로 설명하면 부정사의 형용사적 용법이라고 하고 to carry on은 '계속할'이라는 뜻이다. 누군가의 삶에 희망을 준다는 것은 매우 의미 있는 일이다.

☕ 브레이크 타임

제임스 레게(James Legge)의 번역을 통한 영어 공부

영국인 선교사인 제임스 레게(James Legge)는 『도덕경』과 『장자』를 영역했다. 노자와 장자는 무위자연에 대해 이야기한 중국의 사상가들이다. 노자는 격언의 형태로 무위자연에 대해 이야기했고, 장자는 우화의 형태로 무위자연에 대해 이야기했다.

『도덕경』 제1장은 "道可道, 非常道(도가도, 비상도)"로 시작된다. "말할 수 있는 도는 영원한 도가 아니다"라는 뜻이다. 레게는 이 말을 "The Tao that can be trodden is not the enduring unchanging Tao."라고 번역했다. 이 문장을 직역하면 "밟힐 수 있는 도는 지속적이고 변하지 않는 도가 아니다"이다. 여기서 흥미로운 사실은 노자는 '도'를 '눈에 보이는 길'이 아닌 '눈에 보이지 않는 길'로 이야기했는데 레게는 '도'를 '눈에 보이는 길'로 번역했다. 영어 'tread'는 '밟다', '걷다', '짓밟다' 등의 뜻을 가지고 있다. 노자는 도라는 것은 너무나 커서 그것을 말로 표현할 수 없다고 생각했다. 반면에 레게는 '도'를 '사람들이 걷는 길'로 생각하고 번역을 할 때 'tread'라는 단어를 넣었다.

『도덕경』 제6장은 '谷神不死(곡신불사)'로 시작된다. 이 말은 "계곡의 신은 죽지 않는다."라는 뜻이다. 그러나 그것은 글자 그대로의 의미일 뿐이다. 이 말은 "낮은 곳으로 임하라"는 뜻을 가지고 있다. 계곡은 낮은 곳을 의미한다. 노자는 겸손의 미덕을 강조한 사상가이다. 이 말을 레게는 "The valley spirit dies not."이라고 번역했다. 이 문장을 직역하면 "계곡의 신은 죽지 않는다"라는 뜻이다. 그러나 이렇게 번역하면 노자가 말하는 의미가 드러나지 않는다.

『장자』 내편의 「소요유」 편 마지막 부분에 이런 말이 나온다.

不夭斤斧, 物無害者. 無所可用, 安所困苦哉(불요근부, 물무해자. 무소가용, 안소곤고재)

도끼에 일찍 잘려 죽지 않고, 어떤 물건도 해를 끼칠 것이 없으니,

쓸모없다고 해서, 무슨 곤란함이 있겠는가?

이 말을 레게는 "Neither bill nor axe would shorten its existence; there would be nothing to injure it. What is there in its uselessness to cause you distress?"라고 번역했다. 이 문장을 직역하면 "낫도 도끼도 그 존재를 단축시키지 못할 것이다. 그것을 해칠 아무 것도 없다. 당신에게 고통을 야기할 쓸모없음에 있어서 무엇이 있는가?"이다.

원문에 있는 '斤斧(근부)'는 '도끼'를 의미하는데 레게는 '근부'를 '낫과 도끼'로 번역했다. 영어 단어 'bill'은 '지폐', '청구서' 등의 뜻도 있지

▲〈제임스 레게가 영역한 『도덕경』 원문〉

THE WRITINGS OF KWANG-ßZE

There you might saunter idly by its side, or in the enjoyment of untroubled ease sleep beneath it. Neither bill nor axe would shorten its existence; there would be nothing to injure it. What is there in its uselessness to cause you distress?'

彷徨乎無爲其側。
逍遙乎寢臥其下。
不夭斤斧物無害者。
無所可用安所困苦哉。

▲〈제임스 레게가 영역한 『장자』 원문〉

만 '낫'이라는 뜻도 있다.

　장자의 변론 상대인 혜자는 장자에게 자기에게 나무가 하나 있는데 옹이가 져 있고 뒤틀려서 아무 쓸모가 없다고 이야기한다. 그러자 장자는 그것을 넓은 들판에 심어놓고 아무 것도 하지 않고 그 아래에서 산책하며 누워서 자지 않느냐고 이야기한다. 장자는 일반 사람들이 생각하는 고정관념을 깨뜨린다. 장자는 우리가 쓸모없다고 생각하는 것이 바로 쓸모 있는 것이라고 이야기한다. 이렇게 서양 선교사의 눈으로 동양과 서양의 사고를 비교하면 한문으로 볼 수 있는 것 이상을 영어에서 볼 수 있다. 제임스 레게가 번역한 사서삼경을 통해 동양의 깊이 있는 사상을 이해하는 것이야말로 깊이 있는 영어 공부 방법 가운데 하나이다.

용어 101. elbow bending

'elbow bending'의 뜻은 무엇일까? 정답은 '술 마시기'이다. 우리
말로 직역하면 '팔꿈치 구부리기'이다. 술을 마시려면 팔꿈치를 구부
려야 한다. '酒(주)'라는 한자를 '물 수(水)'자와 '닭 유(酉)'자가 합해져
서 만들어진 글자로 외우면 이해하기 쉽다. 닭이 모이 한 번 먹고 하
늘 한 번 쳐다보고 모이 한 번 먹고 땅을 쳐다보듯 잔에 있는 술은 한
번에 마시기보다는 조금씩 나누어서 마시는 것이 술에 대한 예의다.

용어 102. palmistry

'手相學(수상학)'란 손금을 보는 학문을 뜻한다. 수상학을 영어로
무엇이라고 할까? 정답은 palmistry이다. 영어 palm은 '야자수'와
'손바닥'이라는 두 가지의 뜻을 가지고 있다. 손금을 볼 때 왼손은 과
거를 오른손은 현재를 의미한다고 한다. 손금은 어디까지나 참고 자
료일 뿐이다. 운명은 나의 힘으로 개척하는 것이다.

문학작품 103. All is not gold that glitters.

우리가 알고 있는 "반짝인다고 해서 모두 금은 아니다(All is not
gold that glitters)."라는 격언이 있다. all 과 not이 함께 쓰이면 '모

두 ~인 것은 아니다'라는 뜻의 부분부정이 된다. 이 말은 셰익스피어의 작품『베니스의 상인』에서 나온 말이다.

『베니스의 상인』은 이탈리아의 옛날이야기를 셰익스피어가 자신 특유의 필체로 각색한 것이다. 베니스의 상인 안토니오는 친구 바사니오로부터 포샤에게 구혼하기 위한 비용을 마련해 달라는 부탁을 받고 자신이 가진 배를 담보로 고리대금업자인 샤일록으로부터 돈을 빌린다. 만약 돈을 갚을 수 없을 경우에는 자신의 살 1파운드를 제공한다는 증서를 써 준다.

안토니오는 배가 돌아오지 않자 목숨을 잃을 위기에 처하지만 남장을 한 포샤가 베니스의 법정의 재판관이 되어 살은 주되 피는 흘려서는 안 된다고 선언함으로써 샤일록은 재판에서 패소하고 그가 가진 모든 재산을 몰수당하고 개종할 것을 명령받는다.

단어 104. plastic surgery & face lift

성형 수술을 영어로 무엇이라고 할까? 정답은 plastic surgery 또는 face lift이다. plastic surgery는 플라스틱이 들어간 수술이라는 뜻인데 보형물을 신체에 집어넣어서 하는 수술을 의미한다. face lift는 얼굴 들어올리기라는 뜻인데 얼굴에 보형물을 넣으면 콧대 등

기적의 1분영어

이 올라가는 데서 만들어진 말이다. 몇 년 전 성남의 어느 곳에서 엘리베이터를 탔는데 그곳에 OO 성형외과라고 쓰여 있었다. 바로 더하기 빼기였다. 신체에서 더할 것은 더하고 뺄 것은 빼는 것이 성형수술이다.

용어 105. a henpecked man

'공처가(恐妻家)'를 영어로 무엇이라고 할까? 정답은 'a henpecked man'이다. 직역하면 '암탉에게 쪼이는 남자'이다. 'hen'은 '암탉'이고 'peck'은 '쪼다'이고 'man'은 '남자'이다. '공처가'는 아내를 두려워하는 사람이라는 뜻이다. '恐(공)'은 '두려워하다'는 뜻이고 '妻(처)'는 '아내'라는 뜻이고 '家(가)'는 '사람'이라는 뜻이다. 그러면 '애처가(愛妻家)'는 영어로 무엇이라고 할까? 애처가는 영어로 'a devoted husband(헌신적인 남편)'라고도 하고 'a faithful husband(충실한 남편)'라고도 한다. 나는 공처가가 아니라 애처가이다.

문학작품 106. Man is not made for defeat. A man can be destroyed but not defeated.

미국의 소설가 헤밍웨이의 작품 『노인과 바다』에 나오는 말이다. 이 작품의 주인공은 산티아고(Santiago)이다. 노어부인 그는 84일 동안 단 한 마리의 고기도 잡지 못하고 멕시코 만류에서 조각배를 타고 있었다. 85일째 되는 날 아침 드디어 한 마리의 물고기가 그의 낚시에 걸린다. 그는 이틀 밤을 싸우다가 삼 일째 되는 날 작살로 고기를 잡는다. 그러나 그가 집으로 돌아오는 도중에 여러 번 상어떼의 공격을 받는다. 그는 자기의 모든 노력을 다했지만 항구에 도착했을 때는 물고기에 앙상한 뼈만 남아 있었다는 것이 이 소설의 이야기이다. 그는 대자연의 힘에 대항하여 싸워 결국 힘을 다 소진하지만 "Man is not made for defeat. A man can be destroyed but not defeated."라고 말한다. "인간은 패배하도록 만들어져 있지 않다. 인간은 죽을지언정 패배하지 않는다."라는 뜻이다. 인생의 힘든 상황에서도 정정당당하게 투쟁하는 불패정신(undefeated spirit)은 우리가 세상을 살아갈 때 반드시 가져야 할 정신이다.

'풋사랑'을 영어로 하면?

정답은 'Puppy love'이다. 직역하면 강아지 사랑이다. 강아지는 어린 개를 의미한다. 그래서 성숙하지 않은 사랑을 풋사랑이라고 하고 풋사랑은 puppy love라고 한다.

합성어와 파생어

눈꽃의 '눈'은 명사이고 '꽃'도 명사이다. 일반적으로 명사와 명사가 결합된 단어를 합성어라고 한다. 풋사랑의 '풋'은 접두사이고 '사랑'은 명사이다. 일반적으로 접사와 명사로 이루어진 단어를 '파생어'라고 한다.

명언 107. To love someone is to identify with him(her).

"누군가를 사랑한다는 것은 자신을 그와 동일시하는 것이다."를 영어로 무엇이라고 할까? 정답은 "To love someone is to identify with him(her)."이다. 이 말은 그리스의 철학자 아리스토텔레스가 한 말이다. '동일시하다'를 영어로는 'identify'라고 한다. '동일시'란 그 사람과 나를 하나라고 생각하는 것이다.

회화 108. My intentions were good.

"고의가 아니었어요."를 영어로 무엇이라고 할까? 정답은 "My intentions were good."이다. 직역하면 "나의 의도는 좋았어요."이다. 의도가 좋았다는 말은 나쁜 의도로 그렇게 하려고 한 것이 아니라는 말이다. '고의로'라는 뜻의 영어는 'on purpose'이다. "고의가 아니었어요."는 "It was not on purpose."라고도 한다. '고의가 아니었어요'의 또 다른 동의어는 'Not intentionally'이다. 영어 'intentionally'는 '의도적으로'라는 뜻이다.

단어 109. a teahouse of the winter

'그 겨울의 찻집'을 영어로 무엇이라고 할까? 정답은 'a teahouse

of the winter'이다. 영어 'the는 지시형용사로 'winter'를 꾸며주고 '그' 로 해석된다. 〈그 겨울의 찻집〉은 한국의 가왕이라 불리는 조용필의 노래이다. 이 노래는 이렇게 시작된다.

바람 속으로 걸어갔어요.
이른 아침의 그 찻집
마른 꽃 걸린 창가에 앉아
외로움을 마셔요.

'외로움을 마신다'라는 표현이 참 시적이다.

아! 웃고 있어도 눈물이 난다.
그대 나의 사람아.
Oh! Even if I smile, I drop tears.
You are my sweetheart.

"웃고 있어도 눈물이 난다"라는 표현이 이 노래의 가사 가운데 가장 멋진 부분이다. 매년 12월 말일에 연예 대상이 있다. 거기에서 연예대상을 받은 배우는 대상 수상의 소식에 기뻐하면서도 눈가에서는 눈물샘이 폭포수가 떨어지듯 흐른다.

이것을 판소리 용어로는 '界面調(계면조)'라고도 한다. 계면조는 국악에서 쓰는 음계의 하나로 슬프고 애가 타는 느낌을 준다. 이익은 『성호사설』 속악조에서 "계면이란 듣는 사람이 눈물을 흘려서 흘리는 눈물이 얼굴에 금을 긋기 때문에 계면이라고 이름 붙여졌다고 설명했다.

sex & gender

'성(性)'을 나타내는 단어는 sex와 gender가 있는데 두 단어의 차이는 무엇일까? sex는 생물학적 성을 의미하고 gender는 사회 문화적인 성을 의미한다. 아이가 태어나면 생물학적으로 남자와 여자로 나뉜다. 이것이 sex이다. sex는 태어나면서 가진 생물학적 성이다. 남자 아이에게는 파랑색 옷을 입히고 로봇을 사주고 여자 아이에게는 분홍색 옷을 입히고 인형을 사준다. 이것이 gender이다. gender는 자신이 속한 사회와 문화 속에서의 성적 자기 정체성을 의미한다.

단어 110. suspense

'suspense'를 우리말로 무엇이라고 할까? 정답은 '긴장'이다. 우리는 액션 영화를 볼 때 긴장을 느끼게 된다. 영어 'sus-'는 '아래에'라는 뜻을 가지고 있고 'pense'는 '매달리다'의 뜻을 가지고 있다. 즉 'suspense'는 직역하면 '아래에 매달려 있다'는 뜻이다. 영어 'pen'

은 '매달려 있다'는 뜻이다. 연금을 뜻하는 'pension'은 달려 있는 돈을 노후에 받는다는 뜻이고 'pendant'는 늘어져 있는 목걸이라는 뜻이고 'peninsula'는 매달려 있는 반도를 뜻한다. 우리가 쓰고 있는 'pen'도 손가락 사이에 매달려 있다.

단어 111. present

영어 'present'는 여러 가지 뜻을 가지고 있다.

1. 현재 2. 선물 3. 참석한 4. 주다 5. 발표하다

present는 이렇게 외우면 좋다. "현재 참석하는 것은 (나에게) 선물을 준다."라고 발표하는 것이다. 현재는 가장 큰 선물이다. 'present'가 '현재', '참석한', '선물'의 의미일 때에는 1음절에 강세가 오고 [프레즌트]라고 발음이 되고 '주다', '발표하다'의 뜻일 때에는 2음절에 강세가 오고 [프리젠트]라고 발음한다.

단어 112. rain forest

'열대우림기후'를 영어로 무엇이라고 할까? 정답은 rain forest이다. 독일의 기상학자 쾨펜은 열대우림기후를 Af로 표시했다. A는 알파벳 기호이고 f는 fall의 머리글자이다. 열대우림기후에서는 우기와

건기가 뚜렷해서 우기에는 종종 비가 내리고 건기에는 비가 내리지 않는다. 그래서 나무들이 무성하게 자란다. 아마존도 열대우림기후이다. 자우림(紫雨林) 밴드는 자줏빛 열대우림이라는 뜻이다.

회화 113. How would you like your steak?

"스테이크 어떻게 해드릴까요?"를 영어로 무엇이라고 할까? 정답은 "How would you like your steak?"이다. 레스토랑에서 "스테이크 어떻게 해드릴까요?"라는 질문에 "최선을 다해 주세요."라고 말하는 사람은 없을 것이다. 스테이크 어떻게 "바싹 익혀 주세요."는 영어로 'Well done'이라고 하고 "중간쯤 익혀 주세요."는 영어로 'Medium'이라고 하고 "덜 익혀 주세요."는 영어로 'Rare'라고 한다. 2015년 지인들과 이탈리아 피렌체를 여행했다. 피렌체에 왔으니 유명한 티본 스테이크를 먹기 위해 음식점에 들렀다. 사장님은 아주 낙천적인 성격의 소유자였다.

얼마 후 티본 스테이크가 나왔고 사장님이 손수 스테이크를 칼로 써시는데 거의 생고기 수준이었다. 우리는 "well done"이라고 말했다. 사장님은 바로 의기소침해졌다. 우리가 고기 먹을 줄 모른다고 생각하는 것 같았다. 얼마 후 티본 스테이크가 나왔는데 윗부분은 타

있었고 속은 어느 정도 익었는데 열 사람은 먹어도 될 양이었다. 아무런 소스도 없이 고기 자체만 있었다. 이탈리아 사람들의 음식은 보기 좋은 것보다는 식감을 더 중시하는 문화이다.

한국에서 스테이크를 주문하면 멋진 접시와 맛있는 소스에 잘 익힌 고기가 나오는데 이탈리아에서는 고기 자체를 중시한다. 우리는 3분의 1도 먹지 못하고 다시 호텔에 들어왔다.

회화 114. I wasn't born yesterday.

"나는 바보가 아니다."를 영어로 무엇이라고 할까?

아주 쉬운 영어로 쓰면 "I'm not a fool."이다. 고급 영어로 쓰면 "I wasn't born yesterday."이다. 직역하면 "나는 어제 태어나지 않았다."이다. 이 말의 의미는 그만큼 세상 물정을 모르는 바보가 아니라는 뜻이다.

단어 115. ROTC

'ROTC'는 무슨 단어의 약자일까? 정답은 'Reserved Officers Training Corps'이다. 우리말로 직역하면 '예비역 장교 훈련단'이다. 영어 'reserved'는 '유보된', '예약된', '내성적인', '예비의' 등의 뜻을 가지고 있고 'officer'는 '장교'라는 뜻이고 'corps'는 군단이라는 뜻이다. ROTC가 되면 대학 3학년 때부터 학교에 다니면서 군사 훈련을 같이 병행하며 대학을 졸업하고 부대에 소위로 임관하게 된다. ROTC를 절대로 Rome Olympic Three cushion Champion(로마 올림픽 쓰리 쿠션 챔피언)이라고 쓰면 안 된다.

단어 116. traffic jam

'교통 체증'을 영어로 무엇이라고 할까? 정답은 'traffic jam'이다. 직역하면 '교통잼'이다. 교통이 잼에 달라붙어 있다는 뜻이다. 교통이 잼이 달라붙어 있으면 차가 나가지 않는다는 생각이 참 기발한 영어 표현이다. 'traffic jam'과 동의어로는 'traffic congestion'이 있다. 여기에서 난센스 퀴즈 하나 나간다. "교통체증을 세 글자로 무엇이라고 할까?"라고 물으면 '차사고'라고 대답하는 사람이 많다. 난센스 퀴즈인데 정답이 차사고일 리가 없다. 정답은 '붕어빵'이다. 붕 하고 차를 운전하고 가다가 어! 소리와 함께 빵 하고 부딪힌다. 그래서 붕어빵이다.

에티켓(etiquette)과 매너(manners)

서양에서 예절을 의미하는 단어로 에티켓(etiquette)과 매너(manners)가 있다. 그럼 이 두 단어의 의미를 어떻게 구분할까? 에티켓은 '있다', '없다'로 구분하고 매너는 '좋다', '나쁘다'로 구분한다. 에티켓은 예의범절을 의미하고 매너는 이 예의범절이 구체적인 행동으로 나타나는 것이다. 예를 들면 방문에 노크를 해야 하는 것이 에티켓이라면 직접 손등으로 '똑똑' 하고 노크하는 것은 매너이다. 방문에 노크를 할 때 문을 쾅쾅 두드리는 것은 에티켓이 나쁜 것이 아니라 매너가 나쁜 것이다.

as busy as a bee

벌은 매우 부지런한 곤충이다. 영어에 'as busy as a bee(벌처럼 바쁜)'라는 표현이 있다. 벌은 식물들에게서 꽃가루(화분)를 일용할 양식으로 가져온다. 일벌은 다시 외역벌(벌집 밖에서 일하는 벌)과 내역벌(벌집 안에서 일하는 벌)로 구분된다. 식물의 꿀 성분(nectar, 넥타르)을 외역벌이 배에 넣어서 가져오면 내역벌은 그것을 벌침과 섞고 날개로 바람을 일으켜 맛있는 꿀을 만든다.

회화 117. Please leave me alone.

"제발 나를 내버려둬요."를 영어로 무엇이라고 할까? 정답은 "Please leave me alone."이다. 영어 leave는 '떠나다'라는 뜻도 있지만 '남겨두다'라는 뜻도 있다. 영어 "Leave me alone."은 "나를 내버려둬"라는 뜻이지만 "Please Leave me alone."은 "제발 나를 내버려둬요."라는 뜻이다. 영어 alone는 혼자라는 뜻이다. 1991년에 상영된 맥컬리 컬킨 주연의 〈나홀로 집에〉라는 미국 영화가 있었는데 영어로는 "Home alone"이라고 한다. "제발 나를 내버려둬요."의 다른 표현으로 "Just leave me alone."도 있다. 영어 'just'는 '다만', '단지'라는 뜻이다. "나를 내버려두지 마요."는 영어로 무엇일까? "Please don't leave me alone."이다. 난센스퀴즈 나간다. "나를 좀 내버려둬요."를 충청도 사투리로 하면 무엇일까? 정답은 "냅둬유."이다. 그럼 "나를 좀 내버려둬요."를 경상도 사투리로 하면 무엇일까? 정답은 '쫌'이다. 경상도 사투리의 경제성은 최고이다.

회화 118. I'll miss you.

"네가 보고 싶을 거야."를 영어로 무엇이라고 할까? 정답은 "I'll miss you."이다. 그리움을 나타낼 때 쓰는 영어 표현이다. 영어

miss는 '실수하다', '놓치다', '빠뜨리다'라는 뜻 외에 '그리워하다' 라는 뜻도 가지고 있다. 그럼 "보고 싶어."는 영어로 무엇이라고 할까? 정답은 "I miss you."이다. 가수 김범수의 노래 〈보고 싶다〉에 이러한 가사가 나온다.

보고 싶다. 보고 싶다.
이런 내가 미워질 만큼

그럼 "I miss you."를 숫자로 남기면 어떻게 될까? 정답은 1177 155 404이다. 숫자 1은 영어 I와 비슷하고 숫자 177은 영어 m과 비슷하고 숫자 155는 영어 iss와 비슷하고 숫자 404는 영어 you와 비슷하다.

☕ 브레이크 타임

mother tongue

모국어를 영어로 무엇이라고 할까? 정답은 mother tongue이다. 직역하면 엄마의 말이다. mother language와 뜻이 같다. 'mother's tongue'은 '엄마의 혀'를 의미한다. 아이는 태어나서 엄마의 말을 들으며 언어를 이해하게 된다.

단어 119. a New Year's bow

설날 관련 영어 단어를 살펴보자. 먼저 설날은 영어로 a New Year's day라고 한다. 설날의 어원을 살펴보면 첫째, '낯설다'라는 단어에서 설이 유래했다는 설이 있다. 새해는 아직 익숙하지 않다는 의미이다. 둘째, 새해 새날이 시작된다는 선 날에서 유래했다는 설이다. 셋째, 조심스럽게 가만히 있다는 뜻의 '섧다'에서 유래했다는 설이다. 설날은 삼가고 조심해야 하는 날이기 때문이다.

설날에는 세배를 한다. 그럼 세배는 영어로 무엇이라 할까? 세배는 영어로 a New Year's bow라고 한다. bow는 [bau]라고 발음해야 한다. [bau]는 '인사하다'라는 뜻이다. [bou]라고 발음하면 '활'이라는 뜻이 된다. '세배하다'는 영어로 'perform a New Year's bow'라고 한다. 'perform'은 '수행하다'라는 뜻이다.

"새해 복 많이 받으세요."를 영어로 무엇이라고 할까? 정답은 "Best wishes for the coming New Year!"이다. 직역하면 "다가오는 새해에 가장 좋은 기원들"이다. "새해 복 많이 받으세요."를 나타내는 또 다른 영어 표현은 무엇일까? 정답은 "May the New Year bring you happiness!"이다. 직역하면 "새해가 당신에게 행복을 가지고 오기를 기원한다."이다.

윤극영 아동문학가가 작사 작곡한 노래 〈까치 까치 설날은〉은 이렇게 시작한다.

까치 까치 설날은 어저께고요.
우리 우리 설날은 오늘이래요.

어렸을 때에 '까치'는 '날아가는 새'를 의미하는 줄 알았다. 어원을 찾기 위해 국어학자 서정범 교수님의 말씀을 빌리면 고어(古語)에서 "작다"라는 단어가 "아치"였는데 그 "아치"가 시간이 지나다 보니

까치로 변했다는 것이다. "본래의 설날"은 "크다"는 뜻으로 "한설", 설 전날은 "작다"라는 뜻으로 "아치설"이라고 불렸다고 한다. 서양식으로 표현하자면 우리 조상들은 설날 전날을 크리스마스 이브(eve)처럼 생각했을 것이다.

회화 120. Wine is made from grapes.

"포도주는 포도로 만들어진다."를 영어로 무엇이라고 할까? 정답은 "Wine is made from grapes."이다. 'be made from'은 '~로 만들어지다'는 뜻인데 제품의 화학적 변화를 의미한다. 제품의 화학적 변화란 제품의 성질이 바뀌는 것을 뜻한다. 포도를 발효시키면 알콜 성분이 나온다. 포도를 먹으면 취하지 않지만 포도주를 마시면 취한다, 제품의 물리적 변화는 'be made of'로 표현한다. 물리적 변화란 제품의 성질이 변하지 않는 것을 의미한다. 책상을 보면 나무 원목의 결이 그대로 남아있다. "이 책상은 나무로 만들어졌다."는 영어로 "This desk is made of wood."라고 쓴다.

회화 121. I'm up to my ears in work.

"일이 산더미처럼 쌓여 있어요."를 영어로 무엇이라고 할까?

정답은 "I'm up to my ears in work."이다. 직역하면 "나는 일에 있어서 나의 양쪽 귀까지 와 있다."이다. 일이 양쪽 귀까지 와 있다는 것은 일이 산더미처럼 쌓여 있다는 것이다. 일이 많다는 표현에 있어서 우리말은 '산더미'라는 단어를 쓰고 영어에서는 'ears'라는 표현을 쓴 것이 아주 흥미롭다. 일이 산더미처럼 있거나 일이 귀에까지 있거나 일이 아주 많다는 뜻이다. "일이 산더미처럼 쌓여 있다."의 또 다른 표현으로 "I have a lot on my plate."가 있다. 직역하면 "나는 나의 접시에 많은 것을 가지고 있다."이다.

단어 122. derail

'탈선'을 영어로 무엇이라고 할까? 정답은 derail이다. 영어 'de-'는 이탈의 의미를 가진 접두사이고 'rail'은 기차의 뜻을 가지고 있다. 즉 기차가 노선을 벗어난 것을 탈선이라고 한다. 우리가 일반적으로 쓰는 '탈선'이라는 단어의 의미는 일상적이지 않은 행동을 의미한다. 모든 사람들이 자신의 선을 잘 지키는 그런 세상이 오기를 희망한다.

기적의 1분영어

단어 123. Much expectation, much disappointment

"기대가 크면 실망도 크다."를 영어로 무엇이라고 할까? 정답은 "Much expectation, much disappointment"이다. 직역하면 '많은 기대. 많은 실망'이라는 뜻이다. 우리가 무언가에 대해 너무 많이 기대하면 내가 원하는 만큼 되지 않을 때 많이 실망하게 된다. 그렇다고 너무 기대하지 않는 것도 좋은 일이 아니다. 루시 모드 몽고메리의 『빨강머리 앤』에 이런 말이 나온다.

저는 실망하는 것보다 아무 것도 기대하지 않는 게 더 나쁘다고 생각해요.

무언가를 기대한다는 것은 얼마나 가슴 뛰는 일인가? 무언가를 기대한다는 것은 미래에 대해 꿈을 꾸는 것이다.

단어 124. physiognomy

관상학(觀相學)을 영어로 무엇이라고 할까? 정답은 'physiognomy'이다. 관상학이란 인상(人相)을 보고 사람의 운명을 판단하는 학문이다. 그러나 관상이 아무리 좋다고 해도 스스로 노력하지 않으면 안 된다. 관상이 아무리 나빠도 스스로 노력하면 나쁜 관상을 바꿀 수 있다. 관상은 심상만 못하다(관상불여심상, 觀相不如 心相)고 말할 수 있다

회화 125. Traffic was bumper to bumper.

"교통이 혼잡했어."를 영어로 무엇이라고 할까? 정답은 "Traffic was bumper to bumper."이다. 직역하면 "교통은 범퍼에서 범퍼까지 이어졌어."이다. 범퍼는 차체의 전단과 후단에 부착된 완충 장치로 충돌 시 충격을 흡수해서 손상을 최소화한다. 범퍼부터 범퍼까지 차량이 이어졌다는 것은 교통이 혼잡하여 차가 제자리걸음을 하고 있다는 뜻이다.

격언 126. Where there is a will, there is a way.

"뜻이 있는 곳에 길이 있다."를 영어로 무엇이라고 할까? 정답은 "Where there is a will, there is a way."이다. 영어 'where'는 '~하는 곳에'라는 뜻이고 'will'은 '의지'라는 뜻이다. 같은 표현으로 "Nothing is impossible to a willing(determined) mind."가 있다. 직역하면 "의지가 있는 마음(결정된 마음)에 어떤 것도 불가능하지 않다."이다.

회화 127. You've got a lot of guts.

"배짱 한번 두둑하군."을 영어로 무엇이라고 할까? 정답은 "You-ve got a lot of guts."이다. 영단어 'gut'은 우리 몸에 있는 내장(內臟, viscera)을 의미한다. gut에 s가 붙어서 'guts'가 되면 '배짱'을 의미한다. 배짱이란 조급도 굽히지 않고 자신의 소신을 일관하는 성품이나 태도를 말한다. 그럼 "넌 배짱이 없어."는 영어로 무엇이라고 할까? 정답은 "You don't have the guts."이다.

용어 128. jinx

징크스를 영어로 무엇이라고 할까? 정답은 'jinx'이다. 그럼 징크스의 뜻은 무엇일까? 정답은 "재수 없고 불길한 현상에 대한 인과관계적 믿음"이다. 징크스는 오랜 기간에 걸쳐 집단에 전해져 오는 집단적인 것과 개인적인 것이 있다. 집단의 구성원은 일반적으로 집단의 징크스를 자연스럽게 받아들인다. 이만기 전 씨름 천하장사(현 인제대 교수)는 대학교 2학년 때 처음으로 천하장사가 되었는데, 그 후로 씨름 경기가 있을 때에는 몸을 안 씻고 출전했다고 한다. 몸을 씻으면 긴장이 이완되어서 경기가 안 풀린다는 믿음 때문이다. 또한 씨름 경기 때 샅바에 손을 넣고 먼저 무릎을 꿇으면 경기에 진다고도 믿었다. 그는 샅바는 숙소의 위쪽에 신주 모시듯 모셔놓았다. 씨름 경기가 있는 날 자신이 운전할 때 신호등이 멈추면 경기가 잘 안 풀린다는 생각이 들었다고도 한다. 누구나 인생을 살다 보면 징크스가 있다. 당신의 징크스는 무엇인지 한번 생각해 보라.

속담 129. Better a live coward than a dead hero.

"개똥밭에 굴러도 이승이 좋다."를 영어로 무엇이라고 할까?

정답은 "Better a live coward than a dead hero."이다.

직역하면 "죽은 영웅보다 살아있는 겁쟁이가 더 좋다."는 뜻이다. 생명을 위협받는 상황에서는 싸워서 목숨을 거는 것보다 달아나는 게 상책이다. 죽으면 다시는 돌아올 수 없는 게 인생이니까. 그래서 이승의 삶이 행복한 법이다.

관광을 영어로 무엇이라고 할까?

정답은 Sightseeing이다. 영어 sight는 시야, 시각을 의미하고 seeing은 보기를 의미한다. 관광의 어원은 周易(주역)에 나오는 觀國之光(관국지광)에서 유래하여 군주는 국빈으로서 풍관을 구경하듯 여유롭게 민생을 살펴야 하는 것을 뜻한다. 누구나 해돋이를 보러 간 적이 있을 것이다. 해돋이를 보러 가면 해돋이만 보는 것이 아니라 주변 풍광들도 보고 온다. 그것이 바로 관광이다.

'딱따구리'를 영어로 무엇이라고 할까?

'woodpecker'이다. 'wood'는 나무, 'peck'은 '쪼다', '-er'은 '~하는 사람', '~하는 동물', '~하는 사물' 등을 뜻한다. 따라서 'woodpecker'는 '나무 쪼는 동물' 즉, 딱따구리를 의미한다. 딱따구리를 한자로 무엇이라고 할까? 정답은 '탁목조(啄木調)'이다. '나무 쪼는 새'라는 뜻이다. 딱따구리는 일반적으로 나무줄기에서 생활한다. 그래서 곧고 날카로운 부리를 가지고 있다. 나무줄기에 구멍을 내어 가늘고 긴 혀를 자기가 구멍 낸 곳에 넣어 딱정벌레의 유충들을 끌어와서 먹는다.

파라솔의 의미

여름 해변에는 파라솔이 많이 설치되어 있다. 'parasol'을 분석하면 'para-'는 '막다'의 뜻을 가지고 있고 'sol'은 '태양'의 뜻을 가지고 있다. 다시 말해서 'parasol'은 '태양을 막다'의 뜻을 가지고 있다.

가곡 130. 오 맑은 햇빛 너 참 아름답다.

이탈리아 가곡 중에서 'O Sole Mio'가 있다. 직역하면 '오! 나의 태양'이다. 이 노래는 자연의 아름다움에 대해 그리고 애인에 대해 찬양하는 노래이다.

첫 부분에는 자연의 해를 노래하다가 뒷부분에는 애인을 해에 비유하여 노래하고 있다. 이 노래의 마지막 부분은 이렇게 끝이 난다.

o so le'o so le mi o(오 솔 레오 솔 레 미오)

sta nfron tea te sta nfron tea te(스탄 프론떼아 떼 스탄 프론떼아 떼!)

오 나의 나의 태양

찬란하게 비치인다.

이 노래는 이탈리아 나폴리의 가곡으로 1898년에 작곡되었다. 시간이 허락되면 파바로티의 〈오솔레미오〉를 감상해 보는 것도 좋을 것이다. 이탈리아어와 우리말 해석을 비교해 보며 이 노래에 나오는 이탈리아어를 공부하는 것도 좋은 공부 방법이다.

단어 131. baggage

짐을 영어로 무엇이라고 할까? 정답은 baggage이다. 짐을 뜻하는 다른 단어로 luggage도 있다. "짐이 있으면 등이 배기지(baggage)요." 이렇게 baggage를 외우면 절대로 그 뜻을, 잊어버리지 않는다.

단어 132. a shooting star

유성을 영어로 무엇이라고 할까? 정답은 'a shooting star'이다. 'a shooting star'를 직역하면 '사격하는 별'이다. 유성이란 태양계 내를 운행하고 있는 소천체가 지구의 대기권 안으로 진입하여 마찰에 의하여 발광하는 것이다. 난센스 퀴즈 나간다. 감옥에 간 별을 영어로 무엇이라고 할까? 정답은 'a shooting star'이다. 유성을 다른 말로 '별똥별'이라고도 한다. 가수 윤항기의 노래 〈별이 빛나는 밤에〉에 이런 가사가 있다.

그리워요 사랑해요 유성처럼 사라져버린
별이 빛나던 밤에 너와 내가 맹세하던 말

회화 133. I'd like to make a wire transfer.

"송금하고 싶은데요."를 영어로 무엇이라고 할까?

정답은 "I'd like to make a wire transfer."이다. 직역하면 "나는 전선의 이동을 만들고 싶다."이다. 전선의 이동을 만든다는 것은 컴퓨터의 마우스를 움직여서 송금한다는 의이다. 컴퓨터의 마우스를 움직이면 계좌가 이체되면서 송금이 된다. 한 남자가 자기 아내에게 "세상에서 가장 중요한 것은 소금, 황금, 지금이야."라고 문자를 보냈다. 그러자 아내의 문자가 이렇게 도착했다.

그보다 더 중요한 것은 현금, 지금, 입금

단어 134. exchange rate

환율을 영어로 무엇이라고 할까? 정답은 'exchange rate'이다. 직역하면 '교환 비율'이다. 외환은행은 영어로 무엇이라고 할까? 정답은 'the bank of foreign exchange'이다. 직역하면 외환의 은행이다.

단어 135. filial

멘델의 유전 법칙에 F1, F2라는 말이 나온다. 그럼 F1, F2에 나오는 F는 무엇을 뜻할까? 정답은 'filial'이다. 'filial'은 '자손의'라는 뜻을 가지고 있다. '孝(효)'라는 글자를 영어로 무엇이라고 할까? 정답은 'filial piety' 또는 'filial duty'이다. 직역하면 '자손의 경건함' 또는 '자손의 의무'이다. 효에 대해 쓴 책인 '孝經(효경)'을 영어로 무엇이라고 할까? 정답은 'Book of filial piety'이다.

전라남도 담양에는 소쇄원(瀟灑園)이 있다. '소쇄'는 맑고 상쾌하다는 뜻이다. 소쇄원은 한국 최고의 민간 정원으로 손꼽히는 곳으로 조광조의 제자인 양산보가 꾸민 정원이다. 그는 자신의 스승 조광조가 사화로 사약을 받는 것을 보고 소쇄원을 짓고 은거했다고 한다. 소쇄원의 담장 가운데 '애양단(愛陽壇)'이 있다. '애양단'의 의미를 직역하면 '볕을 사랑하는 단'이라는 뜻이다. 그러나 '애(愛)'는 사랑한다는 뜻이라기보다는 '애석해하다'의 뜻이고 양(陽)은 햇볕이라는 뜻이라기보다는 '세월'이라는 뜻이다. 다시 말해서 '애양단'은 '세월을 애석해하는 단'이라는 뜻이다. 소학(小學)에 이런 말이 나온다.

> 不可得而久者(불가득이구자) 오래 영원히 할 수 없다는 것은
>
> 事親之謂也(사친지위야) 부모를 섬기는 일을 두고 하는 말이니
>
> 孝子愛日(효자애일) 효자는 날이 가는 것을 아쉬워한다.

애양단 옆에는 동백나무가 있다. 이는 동백나무에서 동백기름을 내서 연세가 드셔서 머리를 제대로 이기지 못하는 부모님에게 머릿기름을 발라 드리고 싶은 효심의 상징이다. 한자 '효孝'는 '늙을 로(老)'와 '아들 자(子)'의 합성어이다. 즉 '아들이 늙은 부모를 업고 가는 모습'에서 나온 글자가 바로 효이다. 멘델은 부모의 형질이 자손에게 그대로 전해지는 유전법칙을 완두콩을 가지고 설명했다. 완두콩에는 둥근 것과 주름진 것이 있다. 둥근 것을 'RR'이라고 하고 주름진 것을 'rr'이라고 하면 두 완두콩 사이에서 'F1', 'F2'로 가면서 유전의 법칙이 나타난다.

약어 136. et cetera

기타 등등을 영어로 무엇이라고 할까? 정답은 etc.이다. etc.는 et cetera라는 라틴어의 줄임말이다. 한 초등학교 손자를 둔 할머니가 손자가 학교에 갈 때 준비물을 챙겨주었다. 준비물메모지에는 크레파스, 필통, 기타 등등이라고 쓰여 있었다. 손자의 물건을 챙겨주다가 할머니가 손자에게 이렇게 말했다고 한다. "얘야 기타(guitar)는 알겠는데 등등은 뭔지 모르겠다." '기타(其他)'란 '그 외의 다른 것'을 의미하고 '등등(等等)'은 '무엇 무엇들'을 의미한다. 그래서 '기타 등등'이란 '그 외의 다른 무엇 무엇들'을 의미한다. 한자 '등(等)'은 '같다'라는 뜻도 있지만 '무리(group)'라는 뜻도 있다. 기타 등등을 뜻하는 다른 영어 표현들로는 something like that, things like that, and so forth 등이 있다.

회화 137. Where to, sir?

"어디로 모실까요?"를 영어로 무엇이라고 할까? 정답은 "Where to, sir?"이다. 영어 'sir'는 남자에게 붙이는 존칭이다. 여자에게 붙이는 존칭은 'ma'am'이다. 이 표현은 주로 차를 운전하면서 차에 탄

손님에게 어디로 모실지 묻는 표현이다. 한 외국인이 택시에 탑승했다. 택시 운전사가 외국인에게 "Where to, sir?"라고 물었다. 외국인은 'American embassy'라고 대답했다.

잠시 후 택시 운전사는 그 승객을 MBC 문화 방송에 모셔다 드렸다. 'American embassy'란 미 대사관에 가지는 뜻이었는데 택시 운전사는 "저는 미국인인데(American) MBC 문화방송에 갑시다."라고 잘못 이해한 것이다.

☕ 브레이크 타임

He is as poor as a church mouse.

"그는 아주 가난하다."를 영어로 무엇이라고 할까? 정답은 "He is as poor as a church mouse."이다. 직역하면 "그는 교회의 쥐처럼 가난하다."이다. 여기에서 교회는 중세 시대의 교회를 말한다. 중세 시대는 암흑기였으므로 교회에 먹을 것이 풍부하지 않았다. 여기에서 이런 말이 유래된 것이다.

회화 138. What brought you here?

"무슨 일로 여기 왔니?"를 영어로 무엇이라고 할까? 정답은 "What brought you here?"이다. 직역하면 "무엇이 너를 이곳까지 데리고 왔느냐?"이다. 이런 표현을 문법적으로 무생물주어 구문이라고 한다. 한마디로 무생물이 주어가 되는 구문이다. 이 표현을 쉬운 문장으로 쓰면 "Why did you come here?"가 된다. 영어에서는 무생물을 주어로 쓰는 문장이 아주 많으니 무생물주어 구문을 잘 알아두면 매우 유용하다.

회화 139. When he saw me, he smiled.

영어 시험에서 "When he saw me, he smiled."의 뜻을 번역하라는 문제를 냈다. 정답은 "그는 나를 보자 미소 지었다."이다 대부분의 학생들이 정답을 썼는데 한 학생이 쓴 오답을 보고 빵 터졌다. 이 학생의 답은 다음과 같았다. "그는 나를 보자 냄새를 맡았다." 이 학생은 'smile(미소 짓다)'과 'smell(냄새 맡다)'을 혼동한 것이었다. 영어 smile이 나온 김에 난센스 퀴즈 나간다. 영어에서 가장 긴 단어는 무엇일까? 45글자를 가진 진폐증이 아니다. 정답은 미소(smiles)이다. s와 s 사이에 무려 1 mile이나 떨어져 있기 때문이다. 1 mile은 1.609km이다.

☕ 브레이크 타임

발견의 즐거움

발견과 발명의 차이는 무엇일까? 발견이란 이미 존재하고 있는데 모르고 있었던 것을 찾아내는 것이고 발명은 전혀 존재하지 않는 새로운 것을 창조하는 것이다. 한마디로 발명이란 무에서 유를 창조하는 것이다. 콜럼버스가 신대륙을 찾아낸 것은 발견이고 벨이 전화를 만들어낸 것은 발명이다. 우리가 공부를 통해 찾는 발견의 즐거움은 거대한 사실을 발견하는 것만 의미하는 것이 아니다. 우리가 지금까지 몰랐던 조그마한 사실을 알아내는 것이 소소한 발견의 즐거움이다.

아침 고요 수목원의 의미

가평에 가면 '아침 고요 수목원'이 있다. 그런데 수목원의 이름이 왜 아침 고요 수목원인지 아는 사람은 별로 많지 않다. 아침에 가면 고요해서 아침 고요 수목원인 줄 아는 사람들도 있을 것이다. 아침 고요 수목원에는 다양한 종류의 식물들이 많이 있다. 그런데 흥미로운 사실은 아침 고요 수목원에 조선시대 정자가 있다는 사실이다. 그럼 아침 고요 수목원과 조선 시대의 정자가 무슨 관련이 있을까?

'아침 고요'를 한자로 쓰면 '朝鮮(조선)'이다. '朝(조)'는 아침이라는 뜻의 단어이고 '鮮(선)'은 조용하다는 뜻의 단어이다. 조선을 영어로는 'morning calm'이라고 한다. 그래서 조선이 "고요한 아침의 나라"라고도 불리는 것이다.

동서양의 비교를 통한 공부의 즐거움

동서양을 비교하는 것도 공부의 즐거움이다. 국문학 스터디에서 강의를 하며 오스카 와일드(Oscar Wilde)의 『도리언 그레이의 초상』과 김동인의 「광화사」는 유미주의의 관점에서 유사하다는 강의를 한 적이 있다. 지금 대학원에서 국문학을 공부하고 계시는 김선생님께서 두 작품을 읽으시고 이렇게 글을 올려주셨다.

수업 중에 예술지상주의, 유미주의, art for art's sake(예술을 위한 예술)를 반복적으로 설명해 주셔서 어려울 수 있는 '유미주의' 문예사조가 이제 친숙하게 느껴집니다. 오스카 와일드는 "예술은 전적으로 쓸모없는 것이다"라고 말하며 아름다움 그 자체를 추구하는 것이 예술의 목적일 뿐 그 외의 어떤 기능도 용납하지 않는다는 것을 피력하였죠. 저는 오스카 와일드를 「행복한 왕자」그림책으로 만났던 터라 『도리언 그레이의 초상』이 처음에는 같은 작가 작품이 맞는지 의문이 들었답니다. 도리언 그레이는 바질이 그려준 자신의 초상화를 보고 자신의 아름다움에 눈뜨게 되죠. 그리고 언제까지나 젊음을 간직하고 싶다는 욕망을 품게 되고 이 아름다움에 대한 욕망은 끝내 그 자신을 파멸시키고 죽게 만듭니다.

　이것은 「광화사」의 화가 솔거에게도 나타납니다. 어머니의 눈을 닮은 자기 아내로서의 미녀상을 끊임없이 갈구하다가 만난 소경 처녀, 솔거는 빛이 있는 세상을 볼 수 있다는 거짓된 말로 처녀에게서 그토록 찾던 아름다운 눈동자를 발견할 수 있었지요. 그러나 밤을 함께 보낸 후 다음 날 아침에는 그 눈동자가 애욕의 표정이라 분노하며 그 처녀를 죽이게 됩니다. 아름다움을 완벽하게 갖춘 도리언 그레이가 그 아름다움을 지키고자 한 것도 비극적이고 추한 솔거가 세상을 원망하며 아름다움을 쫓을 때도 역시 광기와 죽음만이 존재합니다. 아름다운 것을 갈망하는 것은 비단 예술가뿐만이 아니라 모든 사람이 다 같은 감정 아닐까요? 우리는 아름다운 것을 보고 마음이 뛰고 행복한데, 이런 비극적 상황 앞에서 '아름다움'이라는 욕망은 무엇인가? 에 대해 다시 생각해 보았습니다.

비교 문학이란 두 나라 이상의 문학을 비교하여 서로의 영향, 문학, 양식 등을 비교하는 학문을 말한다. 예를 들면 톨스토이의 효용론(작품과 독자와의 관계를 중요시하는 관점)과 이광수의 계몽주의, 에로티시즘을 중시한 D.H. Lawrence와 이효석, 유미주의(아름다움을 강조하는 문예사조, art for art's sake)를 중시한 오스카 와일드(Oscar Wilde)의 『도리언 그레이의 초상』과 김동인의 「광화사」의 공통점과 차이점을 비교하면 비교 문학이 된다. 비교문학을 공부하는 것은 우리의 문학 세계 발전에 반드시 도움이 된다.

용어 140. Virtual Reality

'가상현실'을 영어로 무엇이라고 할까? 정답은 'VR'이다. 그럼 VR
은 무슨 글자의 약자일까? VR은 'Virtual Reality'의 약자이다. 직역
하면 실제적인 현실이다. 가상현실이란 현실의 특정한 환경이나 상황
을 컴퓨터를 통해 그대로 모방하여 사용자가 마치 실제 주변 상황 환
경과 상호작용을 하고 있는 것처럼 만드는 기술이다. 미국 영화 〈매트
릭스〉와 〈아바타〉는 가상현실을 중심 내용으로 한 대표적인 영화이
다.

명언 141. There is no remedy for love but to love more.

"더 많이 사랑하는 것 외에 다른 사랑의 치료약은 없다." 이 표현
을 영어로 무엇이라고 할까?

정답은 "There is no remedy for love but to love more."이다.
이 문장에서 'but'은 '~을 제외하고(except)'라는 뜻을 가지고 있다.
이 말은 미국의 시인이자 철학자 헨리 데이비드 소로우가 한 말이다.
스스로 월든(Walden)이라는 오두막을 짓고 무소유를 실천하신 분이
다. 사랑은 가장 훌륭한 치료약이다.

단어 142. moustache, beard, whiskers

'콧수염', '턱수염', '구레나룻'을 영어로 무엇이라고 할까? '콧수염'은 영어로 'moustache'이다. 't' 다음의 'a'에 강세가 있다. '턱수염'은 영어로 'beard'이고 '구레나룻'은 영어로 'whisker'이다. beard와 whiskers모두 1음절에 강세가 있다. '턱수염'을 영어로 외울 때에는 "턱수염은 비어도(beard) 잘 난다."로 외우자. '구렛나루'는 틀린 말이다. '구레나룻'이 맞는 말이다.

▲〈턱수염, 콧수염, 구레나룻〉

단어 143. option & choice

option과 choice 두 단어 모두 '선택'이라는 뜻을 가지고 있다. 그러나 두 단어는 차이가 있다. option은 제한적으로 주어진 여러 개 중에서 하나를 선택해야 하는 것을 의미한다. 자동차를 구입할 때 가죽시트로 할 것인지 안 할 것인지 또는 여행을 갈 때 유람선을 탈 것인지 말 것인지 등에 대한 선택이 바로 option이다. 이러한 선택들은 자신의 의지와는 상관없이 주어지는 것이다. 이에 반해 choice는 여러 가지 중에서 자신의 의지로 선택하는 것이다. 다시 말해서 option보다 선택의 폭이 더 넓다. 커피 믹스의 종류에는 맥심(maxim), 골드라벨(gold label), 테이스터스 초이스(Taster's Choice, 맛을 아는 사람의 선택)등 여러 가지가 있다. 이렇게 여러 종류의 커피 믹스 중에서 우리는 하나를 선택(choice)한다.

단어 144. story & plot

스토리와 플롯의 차이가 무엇일까? 영국의 소설가이며 비평가인 포스터(E.M. Forster)는 스토리는 시간적 순서에 따른 사건의 서술이라고 이야기했고 플롯은 시간적 순서에만 의존하지 않고 인과 관계를 따르는 것이라고 이야기했다. 그래서 스토리는 '그다음에는(next)'에 초점을 두고 플롯은 '왜?(Why?)'에 초점을 둔다. 예를 들면 "왕이 죽었다. 그리고 왕비가 죽었다."는 스토리이고 "왕이 죽었다. 그 슬픔으로 왕비가 죽었다."는 플롯이다. 스토리(story)는 우리말로 '이야기'이고 플롯(plot)은 우리말로 '구성'이다.

단어 145. chopped noodles of loach

추어 칼국수를 영어로 무엇이라고 할까? 추어 칼국수는 영어로 chopped noodles of loach이다. loach는 '미꾸라지'라는 뜻이다. 추억 칼국수는 영어로 'chopped noodles of memory'이다. chop은 '잘게 썰다'라는 뜻이고 noodle은 '면'이라는 뜻이고 memory는 '추억'이라는 뜻이다. 지금부터 20여 년 전 지인이 추억 칼국수 먹으러 가자고 하셨다. 나는 추억을 생각하며 먹는 칼국수라고 생각하고 "예" 하고 따라갔다. 그런데 가게에 들어와 보니 우리가 먹을 칼국수는 추어 칼국수가 아니라 추어 칼국수였다. '추어 칼국수'와 '추억 칼국수'는 또박또박 읽지 않으면 발음이 같게 들린다. 이게 바로 우리말의 묘미다.

영시 146. The road not taken

'The road not taken'의 뜻을 우리말로 무엇이라고 할까? 정답은 '가보지 못한 길'이다. 미국의 자연주의자 로버트 프로스트가 쓴 시의 제목이다.

그는 이 시의 마지막 연에서 인생길에서 시인의 길을 선택했고 그것이 자신의 운명을 바꾸어 놓았다고 이야기했다.

Two roads diverged in a wood, and

I took the one less traveled by,

And that has made all the difference

숲 속에 두 갈래 길이 있어

나는 사람이 덜 다닌 길을 선택했습니다.

그리고 그것이 내 인생을 이처럼 바꾸어 놓은 것입니다.

이 시는 진로 상담에도 많이 이용할 수 있는 시이다. 누구나 고교 시절에 인생에서 어떤 진로를 선택할지 고민한다. 나는 중학교에 입학해서 영어 과목에 흥미를 느꼈고 고등학교에 입학해서도 영어를 좋아했고 영문학을 전공해서 영문학박사 학위까지 취득했다. 내가 좋아하는 전공을 선택해서 매우 즐겁게 공부를 할 수 있었다. 인생의 진로를 선택함에 있어서는 취업이 되는 학과를 선택하기보다는 자신의 적성과 즐거움을 먼저 생각하라. 그리고 자신이 한 번 선택한 길에 대해서는 절대로 후회하지 마라.

조깅을 영어로 쓰면?

정답은 'jogging'이다. 그럼 조깅의 뜻은 무엇일까? 답은 '가볍게 뛰기'이다. 내가 대학에서 강의할 때 jogging이 왜 조깅이냐고 물어보면 몇몇 학생들이 아침에 뛰어서 조깅이라고 대답했다. 나는 다시 이렇게 말했다. "아침에 뛰는 게 조깅이면 저녁에 뛰면 석깅입니까?" 저녁에 호수 주변을 한 바퀴 가볍게 뛰어도 조깅이다.

명언 147. We eat to live, not live to eat.

"우리는 살기 위해 먹는 것이지 먹기 위해 사는 것이 아니다." 이 문장을 영어로 무엇이라고 할까? 정답은 "We eat to live, not live to eat."이다. 이 문장에서 'to live'와 'to eat'은 '~하기 위해서'로 해석해야 한다. 문법적으로 이야기하면 부정사의 부사적 용법 가운데 '~하기 위하여'의 뜻을 나타내는 목적의 표현이다. 먹는 즐거움은 큰 즐거움이지만 그렇다고 해서 우리가 먹기 위해 사는 것은 아니다. 음식은 먹고 마시는 것을 포함한다. 음식은 우리 몸에 중요한 자양분이다.

명언 148. The die is cast.

"주사위는 이미 던져졌다."를 영어로 무엇이라고 할까? 정답은 "The die is cast."이다. 영단어 'die'는 '죽다'라는 뜻도 있지만 '주사위'라는 뜻도 있다. 그럼 die의 복수형은 무엇일까? 정답은 dice이다. 영단어 cast는 '던지다'라는 뜻을 가지고 있고 현재형, 과거형, 과거분사형 모두 cast이다. 이 속담은 우리말 속담 "이미 엎질러진 물이다."와 같은 의미의 속담이다. 돌이킬 수 없는 일이나 사건을 의미할 때 사용되는 표현이다. 물을 엎지르면 다시 주워 담을 수 없듯이 주사위를 던졌는데 1의 눈이 나왔다고 해서 주사위를 다시 던질 수는 없는 것이다.

속담 149. Beauty is in the eyes of the beholder.

"제 눈에 안경"을 영어로 무엇이라고 할까? 정답은 "Beauty is in the eyes of the beholder."이다. 직역하면 "아름다움은 보는 사람의 눈에 있다."이다. "제 눈에 안경"은 "아무리 사소하고 보잘 것 없는 것도 보는 사람의 눈에 들면 아주 좋아 보인다."라는 뜻이다. 영단어 'behold'는 '보다'라는 뜻을 가지고 있고 영단어 'see'와 같은 뜻이다.

팝송 150. If I lose you, baby, there will be no clear skies.

"If I lose you, baby, there will be no clear skies." 이 문장을 우리말로 하면 무엇이라고 할까? "그대여! 만약 내가 그대를 잃으면, 맑은 하늘은 없을 것입니다."이다. 이 노래는 Bruno Mars의 〈It will rain.〉이다. "It will rain."은 비가 올 것이라는 뜻인데 내 마음이 우울해질 것이라는 뜻이다.

단어 151. homesickness

'鄕愁(향수)'를 영어로 무엇이라고 할까? 정답은 homesickness 이다. homesickness는 고향이나 집을 그리워하는 것을 말하고 nostalgia는 옛날을 그리워하는 것을 말한다. 참신한 이미지와 절제된 시어를 통해서 우리말의 아름다움을 잘 구사한 정지용 시인의 시 〈향수〉의 1연의 한 부분이다.

얼룩배기 황소가

해설피 금빛 게으른 울음을 우는 곳

그곳이 차마 꿈엔들 잊힐리요.

이 시는 자신이 태어난 고향을 그리워하는 마음을 노래한 시이다.

해가 지는 석양에 소가 우는 소리를 시인은 '해설피 금빛 게으른 울음' 이라고 표현했다. '해설피'는 '느리고 어설프게'라는 뜻이다. 이 시는 우리말의 아름다움을 잘 노래한 정지용의 대표시라고 할 수 있다.

☕ 브레이크 타임

사랑이라는 단어는 그 어원을 살펴보면 사량(思量)에서 나왔다는 설이 있다. 'to think and to be considerate to someone' 즉 '누군가를 생각하고 누군가에게 사려 깊은 것' 이것이 바로 사랑이다.

기적의 1분영어

😁 웃기는 영어

I not see you? (아이 낳시유?)

Why not see you? (왜 낳시유?)

Not go see for not see you. (낳고 싶어 낳시유~~)

I love you see you. (나는 당신을 사랑했시유~~)

Money some it shoe? (돈 좀 있슈?)

This no are you. (이거 놓아유~~)

There go see you. (저리 가세유~~)

Where up are you? (어디 아파유?)

My mind do up are you. (내 마음도 아파유~~)

Live is yes you. (사는 게 그래유~~)

No life in go zoo. (인생무상인 거쥬~~)

Cry don't see you. (울지는 마세유~~)

I do meet her you. (나두 미쳐유)

단어 152. rainbow

무지개를 영어로 rainbow라고 한다. 무지개의 어원은 물지게 즉 물을 담아 놓은 지게에서 유래했다고 한다. 비가 오고 난 후 하늘을 바라보면 무지개가 뜬다. 물지게에서 'ㄹ'이 탈락해서 만들어진 단어이다. 지게는 마루나 부엌에서 방으로 드나드는 외짝의 문이다. 문틀의 윗부분에 아치 모양으로 되어 있고 그 모양이 무지개와 닮았다고 해서 만들어진 이름이다. 영어로는 무지개를 rainbow라고 한다. rainbow를 우리말로 쓰면 '비 활'이다. 비가 온 후 땅에 화살을 잡고 누워 있는데 그 위에 아치형의 활이 있다고 생각해 보라. 그 아치형의 활이 바로 무지개이다. 이렇게 같은 단어에 대해서도 동양과 서양이 다른 견해를 가진다는 것이 아주 재미있다.

세상에서 가장 아름다운 영어 단어 1위~4위는?

1위: mother(어머니)

2위: passion(열정)

3위: smile(미소)

4위: love(사랑).

세상에서 가장 아름다운 영어 단어 1위인 어머니(mother)의 순위는 1위인데 그렇다면 아버지(father)의 순위는 몇 위일까요? 아버지의 순위는 세상에서 가장 아름다운 영어 단어 중에서 70위에도 들어가 있지 않다고 한다.

속담 153. The pot calls the kettle black.

"똥 묻은 개가 겨 묻은 개 나무란다."를 영어로 무엇이라고 할까? 정답은 "The pot calls the kettle black."이다. 직역하면 "단지가 주전자를 검다고 부른다."이다. 단지와 주전자 중 어느 것이 더 검을까? 단지는 주전자보다 더 검지만 자신이 검다는 사실을 알지 못한다. 자기에게 큰 잘못이 있다는 것은 생각하지 않고 다른 사람에게 작은 잘 못이 있다는 것을 비웃는다는 뜻이다. 이 문장은 5형식 구문이다. 5형 식 구문은 주어 + 동사 + 목적어 + 목적격 보어로 이루어진 구문을 말한다. "The pot calls the kettle black."이라는 문장을 분석하면 The pot이 주어, calls가 동사, the kettle이 목적어, black이 목적격 보어이다.

☕ 브레이크 타임

페르소나(persona)

페르소나(persona)는 심리학자 융이 말한 용어이다. 가면이라 는 뜻이다. 페르소나는 여러 가지 의미로 쓰인다. 시에서는 시적 화 자이다. 작가는 남성이지만 시적 화자는 여성일 수 있다. 배우의 연 기도 페르소나이다. 배우가 자기가 맡은 배역의 역할에 빠지면 그 배 역의 가면을 쓴 것이다. 여성의 화장도 페르소나이다. 탈도 페르소나 이다. 이렇게 페르소나는 여러 가지의 뜻으로 쓰이고 페르소나에서 person(사람)이라는 단어가 나왔다.

'피그말리온 효과' 쉽게 외우는 방법

피그말리온 효과라는 말이 있다. "진정으로 원하면 이루어진다."는 말을 증명하는 이야기 중 대표격인 신화에서 나온 말이다. 피그말리온이 여인상을 조각했는데 자신이 만든 여인에 반해서 그 조각상을 너무 사랑하게 되었다. 신이 그의 정성에 감동에 그 여인상을 살아있는 여인으로 만들어 주었다. 무언가를 진심으로 원하면 진심으로 노력하면 하늘도 감동한다. 다시 말해서 피가 말릴 정도로 노력해야 피그말리온 효과가 나타난다.

스페인어 154. 영어와 유사한 스페인어의 예

단어	영어	스페인어
약국	pharmacy	farmacia
경찰	police	policia
음식점	restaurant	ristorante
비상사태	emergency	emergencia
이탈리아의	Italian	Italiano

스페인어는 명사의 경우 단어의 끝이 '-cia'로 끝나는 경우가 많고 형용사의 경우 '-o'로 끝나고 형용사가 뒤에서 수식하는 경우가 있다. 예를 들면 이탈리안 음식점을 영어로는 'Italian restaurant'라고 하고 스페인어로는 'Ristorante Italiano'라고 한다. 영어와 스페인어가 유사한 발음이 많은 이유는 두 언어 모두 라틴어의 영향을 받았기 때문이다. 중세 이전에는 라틴어의 영향력이 절대적이었다. 이렇게 유사한 두 외국어를 통해 영어와 스페인어의 특징을 공부하는 것도 즐거운 공부 방법이다.

기적의 1분영어

웰빈족(Well貧族)

경제적으로 풍족하지는 못해도 폼나게 빌붙는 부류를 일컫는 신조어

계산대 앞에서 최대한 신발 끈을 오래 묶으며 남이 계산할 때까지 버티는 게 아니라 자신이 지불할 금액을 최소한으로 줄이고 즐길 것은 모두 즐기는 사람들

웰빈족은 무일푼으로 무작정 친구들에게 빌붙는 빈대족과는 차이가 있다. 자신이 먹은 만큼 계산했다고 생각하기 때문에 당당하다. 하지만 이들은 식사 후 계산을 복잡하게 만들어 같이 식사하기에는 고달픈 기피 대상이기도 하다.

말보로 담배의 유래

Man Always Remembers Love Because of Romantic Occasion.
=MARLBORO
남자는 항상 로맨틱한 사건으로 사랑을 기억한다.

단어 155. Lateral

'LA갈비'의 'LA'의 뜻이 무엇일까? 정답은 'Lateral'이다. 그러면 영어 'lateral'의 뜻은 무엇일까? 정답은 '옆의', '측면의'라는 뜻이다. 소의 측면 갈비를 잘라서 만든 갈비가 LA 갈비이다. LA 갈비가 Los Angeles에서 온 갈비라고 생각면 안 된다. 그러나 LA 갈비는 Los Angeles와는 전혀 관련이 없다. 여건이 허락된다면 로스앤젤레스에서 LA 갈비를 먹어보는 것도 좋은 방법이다.

☕ 브레이크 타임

명품백과 짝퉁백의 차이?

비가 올 때 명품 백이면 안고 가고 짝퉁 백이면 머리에 이고 간다.

회화 156. You're wasting your breath.

"말해봤자 네 입만 아플 거야."를 영어로 무엇이라고 할까?

정답은 "You're wasting your breath."이다. 직역하면 "너는 너의 호흡을 낭비하고 있다."이다. 누가 어떤 말을 해도 그 말을 듣는 사람이 실행에 옮기지 않을 때 말해봐야 입만 아프다고 이야기한다. 말해봐야 입만 아프다는 것은 말해봐야 호흡을 낭비한다는 것과 같은 의미이다.

용어 157. mystery shopper

'미스터리 쇼퍼'를 우리말로 무엇이라고 할까? mystery shopper 란 손님으로 가장하고 매장을 방문하여 직원의 서비스나 상품을 평가하고 고객 만족도를 평가하는 일을 하고 있는 사람을 말한다. 직역하면 신비로운 쇼핑객이다. 이들은 고객들의 구매, 환불과 이에 대한 직원들의 서비스를 평가한다. 서비스 업체에서 의뢰하는 경우가 많기 때문에 '서비스의 암행어사'라고도 불린다.

단어 158. tetrapod

'테트라포드'를 우리말로 무엇이라고 할까? 정답은 '파도나 해일을 막기 위해 방파제에 설치하는 콘크리트 블록'이다. 영어 'tetra'는 '4'를 의미하고 영어 'pod'는 '발, 다리'를 의미한다. tetrapod는 발이 넷인 사지(四肢) 동물, 탁자나 의자 등의 네 다리

▲〈테트라포드〉

등의 뜻도 가지고 있다. 테트라포드 근처의 바다는 파도가 그다지 높지 않아서 다양한 종류의 어종이 서식한다. 그래서 테트라 포드에서 낚시하는 사람들이 많다. 그러나 이곳은 그 사이에 틈이 깊어서 추락하거나 추락사로 이어질 수 있는 곳이기 때문에 낚시를 안 하는 것이 좋다. 낚시보다 안전이 더 중요하다.

문학작품 159. The most glorious day hasn't been lived yet.

"최고의 날들은 아직 살지 않은 날들"을 영어로 무엇이라고 할까?

정답은 "The most glorious day hasn't been lived yet."이

다. 직역하면 "가장 영광스러운 날은 아직 살아지지 않았다."이다. 영어 문법에서 'has(have) been p.p'는 현재완료 수동태를 나타낸다. 해석은 '(과거부터 지금까지) ~해져 왔다'라는 의미를 가지고 있다. 영어 yet은 의문문에서 쓰일 때에는 '이미', '벌써'의 뜻을 가지고 있고 부정문에서 쓰일 때에는 '아직'의 뜻을 가지고 있다.

「진정한 여행」 　　　　　　　　　　 나짐 히크메트

가장 훌륭한 시는 아직 쓰이지 않았다

가장 아름다운 노래는 아직 불리지 않았다

최고의 날들은 아직 살지 않은 날들

가장 넓은 바다는 아직 항해되지 않았고

가장 먼 여행은 아직 끝나지 않았다

터키의 시인 나짐 히크메트의 〈진정한 여행〉이라는 시에 나오는 말이다. 자신의 인생에서 최고의 날들은 아직 살지 않은 날들이다. 미래에 대해 희망을 품고 살아가는 것은 아주 중요한 일이다.

문학작품 160. I won't dare to kiss you.

"감히 키스를 바라지 않겠습니다."를 영어로 무엇이라고 할까?

정답은 "I won't dare to kiss you."이다. 영어 'won't'는 '~하지 않을 것이다'라는 뜻을 가지고 있고 'dare to'는 '감히 ~하다'라는 뜻을 가지고 있다. 헤릭의 시에 나오는 말이다.

「이렉트러에게」

헤릭

감히 키스를 바라지 않겠습니다
미소 진 얼굴을 보여 달라고도 하지 않겠습니다
이것 저것 바라다가는 내가 건방져질지도 모르니까요
아닙니다. 아닙니다. 내가 바라는 최상의 소망은
조금 전 그대 입술 입 맞춘 바람에 입 맞추는 것뿐입니다

"나는 당신과 키스하고 싶다."라는 표현은 시가 될 수 없다. 시 인은 "나는 당신과 키스하고 싶다."라는 강렬한 욕망을 "내가 바라 는 최상의 소망은 조금 전 그대 입술 입 맞춘 바람에 입 맞추는 것뿐 입니다."라고 시적으로 표현한 것이다.

회화 161. That was a surprising plot twist.

"반전이 정말 놀랍더군."을 영어로 무엇이라고 할까?

정답은 "That was a surprising plot twist."이다. 직역하면 "그 것은 놀라운 구성 비틀기이다."이다. 반전이란 구성에서 생각하지 않 은 내용이 이어지는 것을 의미한다. 니콜 키드만이 주연한 영화 〈 디 아더스〉는 반전이 있는 영화다. 살아있는 사람이라고 생각한 여주 인공이 영화가 끝날 때 결국 자신이 죽은 자라는 것을 알게 되는 영화 이다.

회화 162. They're like peas in a pod.

"그들은 붕어빵이야."를 영어로 무엇이라고 할까? "They're fish- shaped bun."이라고 쓰면 콩글리시이다. 겨울철 대표 간식인 붕 어빵은 영어로 'fish shaped bun'이다. '붕어 모양의 빵'이라는 뜻이다.

"그들은 붕어빵이야."는 영어로 "They're like peas in a pod."이다. 직역하면 "그들은 꼬투리 속의 완두콩 같다."이다. 꼬투리 속의 완두콩은 모양과 크기가 똑같다.

☕ 브레이크 타임

> **겨울철 간식 순위**
>
> 1위 호빵 / 2위 붕어빵 / 3위 호떡 / 4위 군고구마 / 5위 즉석어묵

단어 163. KAPF

'KAPF'는 무슨 글자의 머리글자일까? 정답은 'Korean Artist Proletariat Federation'이다. 우리말로 번역하면 '한국 예술가 프롤레타리아 동맹'이다. KAPF는 1925년 8월에 결성된 사회주의 문학 단체로 계급의식에 입각한 조직적인 프롤레타리아 문학과 계급 혁명 운동을 목적으로 만들어졌다. 대표적인 KAPF 작가로 「탈출기」를 쓴 최서해와 「낙동강」을 쓴 조명희가 있다.

영화명대사 164. Do you hear the people sing?

"민중의 노랫소리가 들리는가?"를 영어로 무엇이라고 할까?

정답은 "Do you hear the people sing?"이다. 영어 문법에서 'hear'는 지각동사(알고 깨닫는 동사)여서 그다음에 동사의 원형이 나오거나 '~ing'형태가 나온다. 이 노래는 프랑스의 대문호 빅토르 위고의 소설 『레 미제라블(Les Misérables)』을 톰 후퍼 감독이 2012년에 영화로 만든 〈레 미제라블〉의 마지막 장면에서 혁명의 희생자들이 부르는 노래이다. 이 노래가 상징하는 의미는, 비록 혁명은 실패로 돌아갔을지언정 자유와 평등의 시대를 향한 국민들의 소망과 의지는 함께한다는 의미이다. '레 미제라블'의 뜻은 '불쌍한 사람들'이다.

관용적 표현 165. He rose in the world.

"그는 출세했다."를 영어로 무엇이라고 할까? 정답은 "He rose in the world."이다. 직역하면 "그는 세상에서 일어났다."이다. 세상에서 일어나는 것은 출세하는 것이다. '出世(출세)'란 원래 세 가지의 뜻을 가지고 있다.

1) 세상에 태어나는 것

2) 숨어서 살던 사람이 세상에 나오는 것

3) 사회적으로 높은 지위에 오르거나 유명하게 되는 것

출세는 이 세 가지 뜻 가운데 일반적으로 세 번째 뜻으로 많이 쓰인다.

관용적 표현 166. I've got a bit of a bone to pick

with you.

"나 너와 따질 게 좀 있어."를 영어로 무엇이라고 할까?

정답은 "I've got a bit of a bone to pick with you."이다. 직역하면 "나는 너와 빼낼 약간의 뼈를 가지고 있다."이다. 한자에서도 말과 뼈를 연결시킨다. '言中有骨(언중유골)'이라는 말이 있다. "말 속에 뼈가 있다."라는 말이다. 말은 예사로운 것 같은데 그 안에 깊은 뜻이 있다는 의미이다.

스페인 노래 167. Besame Mucho

"Besame Mucho."의 뜻을 우리말로 하면 무엇이라고 할까? 정답은 "많이 키스해 주세요."이다. "Besame Mucho."는 스페인어이고 영어로 표현하면 "Kiss me much."이다. 이 노래는 한국의 가수들도 많이 불렀던 노래이다. "Besame, Besame Mucho."로 이 노래가 시작된다. "나에게 듬뿍 키스해 줘요."라는 뜻이다. 우리나라의 가수 현인이 부른 노래 〈베사메무초〉는 원곡의 가사를 한국적 정서에 맞게 변형한 노래이다.

베사메 베사메무쵸
고요한 그날 밤 리라꽃 지던 밤에
베사메 베사메무쵸
리라꽃 향기를 나에게 전해다오.

명언 168. I will always love you no matter what happens between us.

"우리 사이에 무슨 일이 일어난다고 할지라도 나는 언제나 당신을 사랑할 것입니다."를 영어로 무엇이라고 할까? 정답은 "I will always love you no matter what happens between us."이다. 영어 'no matter what'은 '무슨 일이 일어난다고 할지라도'라는 뜻을 가지고 있고 'no matter what'을 한 단어로 쓰면 'whatever'이다. 두 사람 사이에 무슨 일이 일어난다고 할지라도 변함 없이 상대를 사랑하는 사랑이야말로 가장 멋진 사랑이다.

관용적 표현 169. a snowballs chance in the hell

'도무지 가망 없는 일'을 영어로 무엇이라고 할까? 정답은 'a snowballs chance in the hell'이다. 직역하면 '지옥 속에 놓아둔 눈뭉치의 기회나 가망'이다. 불바다인 지옥에 눈싸움을 할 때 쓰는 눈뭉치를 갖다 놓으면 당장 녹아버릴 것이다. 지옥을 염천(炎天)이라고도 한다. 불꽃이 타는 하늘이라는 뜻이다.

관용적 표현 170. I put my foot in my mouth.

"제가 큰 실언을 했군요."를 영어로 무엇이라고 할까?

정답은 "I put my foot in my mouth."이다. 직역하면 "나는 나의 입에 나의 발을 넣는다."이다. 자신의 입에 자신의 발을 넣는 것은 바보 같은 일이다. 그래서 실언한다는 것이 영어에서는 자신의 입에 자신의 발을 넣는 것으로 표현된다.

관용적 표현 171. She's a knock-out.

"그녀는 정말 예쁘다."를 영어로 무엇이라고 할까? 정답은 "She's a knock-out."이다. 직역하면 "그녀는 K.O이다."다. 이 말은 "그녀는 너무나 예뻐서 (자신을 보는 사람들을) K.O시킨다."라는 의미이다. 중국의 시인 조식(曹植)은 한시 「미녀편」을 지었다. 원문은 생략한다.

「미녀편」

조식

돌아보는 눈동자 광채를 남기고
긴 휘파람 숨결은 난향과 같네
지나가는 사람은 수레를 멈추게 하고
쉬는 사람은 식사를 잊었네

조식은 자신을 알아주지 않는 심정을 미녀로 표현했다. 미녀는 조식 자신을 의미한다. "지나가는 사람이 수레를 멈춘다."라는 말은 요즘 식으로 이야기하면 자동차를 운전하다가 여인의 아름다움에 한눈을 팔아서 전봇대를 박는다는 뜻이다. "그녀는 정말 예쁘다."를 "She is very pretty."라고 쓸 수도 있지만 "She's a knock-out."이 훨씬 더 고급스런 영어 표현이다.

속담 172. Love me, love my dog.

"아내가 귀여우면 처갓집 말뚝 보고 절한다."를 영어로 무엇이라고 할까?

정답은 "Love me, love my dog."이다. 직역하면 "나를 사랑하면 내 개도 사랑하라."이다. 누군가를 사랑하게 되면 그 사람의 소유물이나 그 사람이 아끼는 동물이나 식물도 사랑하게 되는 법이다.

단어 173. 꺼삐딴 리

'꺼삐딴 리'를 우리말로 무엇이라고 할까? 정답은 '이 대위'이다. '꺼삐딴'은 러시아어인 카피탄(Капитан)에서 유래된 말로 영어로는 'Captain Lee'이다. 소설 『꺼삐딴 리』는 작가 전광용이 대위 출신 의사인 이인국의 이중 인격을 다루는 이야기이다. 부자에게는 아부하고 가난한 사람에게는 냉정하게 대하는 위선을 작가는 잘 나타내고 있다.

명언 174. Life is C between B and D.

"인생은 B와 D 사이의 C이다." 이 문장을 영어로 무엇이라고 할까?

정답은 "Life is C between B and D."이다. 이 말은 누가 했을까? 바로 프랑스의 실존주의자인 사르트르가 한 말이다. 여기에서 B는 Birth를 D는 Death를 의미한다. 그럼 C는 무엇을 의미할까? C는 Change(변화), Challenge(도전), Chance(기회), Choice(선택) 등을 의미한다. C를 변화로 보면 끊임없이 변화하는 물결 속에서 자신을 변화시키라는 의미가 되고 C를 도전으로 보면 끊임없이 새로운 일에 도전하라는 의미가 되고 C를 기회로 보면 자신에게 온 기회를 잘 잡으라는 의미가 되고 C를 선택으로 보면 인생은 여럿 중의 하나를 선택하는 것이라는 뜻이 된다. 인생은 탄생과 죽음 사이의 선택이다. 어찌 보면 우리가 살고 있는 것은 계속해서 죽음을 향해 나아가는 것이다. 그러한 죽음을 향해 나아가는 가운데 인간은 선택을 하게 되고 그 선택을 통해서 인간은 점점 발전하게 되는 것이다. 당신에게 C는 무엇일까? 'Catch(기회를 잡다)'일 수도 있고 'Come(기회가 오다)'일 수도 있다. C가 무엇인지는 당신의 마음에 달려 있다.

단어 175. a gravestone tree

'碑木(비목)'을 영어로 무엇이라고 할까?

정답은 'a monument tree' 또는 'a gravestone tree'이다.

직역하면 '기념비로 쓰는 나무' 또는 '무덤으로 쓰는 나무'이다. 만약 'a tree at the gravestone'이라고 하면 무덤에 있는 나무라는 뜻 즉, 무덤 옆에서 자라는 나무라는 뜻으로 쓰여 비목과는 전혀 다른 뜻이 된다.

비목이 탄생한 유래는 다음과 같다. 1964년 강원도 화천군 백암산 계곡에서 비무장지대(DMZ, Demilitarized Zone)를 순찰하던 한 육군 소위(당시 25세)가 잡초 덤불 우거진 숲에서 한 무명용사의 돌무덤을 발견한다. 돌무덤 옆에는 녹슨 철모가 뒹굴고 있었고 무덤 위에 있는 나무는 금방이라도 쓰러질 듯 보였다. 그는 자신과 같은 젊은이가 한국 전쟁에서 전사했을 것이라고 생각했다. 그는 제대해서 TBC 방송국의 PD가 되었고 어느 날 한양대 음대에서 작곡을 가르치는 그의 친구 장일남 교수가 그에게 가곡에 쓸 가사 있으면 자신에게 하나 달라는 부탁을 한다. 그는 그 말을 듣고 바로 펜을 들고 당시의 상황을 생각하며 조국을 위해 청춘을 바친 산화한 희생자들을 위해 한 편의 시를 거침없이 쓴다. 그의 글과 친구의 합작으로 만들어

진 노래가 바로 비목이다. 가곡 〈비목〉은 〈가고파〉, 〈그리운 금강산〉
과 더불어 한국인이 부르는 가곡 중 3대 애창곡이다.

> 초연이 쓸고 간 깊은 계곡 양지 녘에
> 비바람 긴 세월에 이름 모를 이름 모를 비목이여.

중고등학교 음악시간에 그 뜻이 무엇인지도 잘 모르고 불렀던 비
목에 이렇게 슬픈 사연이 있었다는 것을 알면 저절로 고개가 숙여지
고 마음이 숙연해진다.

노래 176. around thirty

'서른 즈음에'를 영어로 무엇이라고 할까? 정답은 'around thirty'
이다. 영어 'around'는 '~주변에'라는 뜻이지만 'around' 다음에 숫
자가 나오면 '대략'이라는 뜻을 가지고 있다. 그래서 'around thirty'
를 직역하면 '대략 서른'이라는 뜻이다. 가수 김광석의 노래 가운데 〈
서른 즈음에〉가 있다.

또 하루 멀어져 간다.

매일 이별하며 살고 있구나.

어찌 보면 우리가 이 세상에 산다는 것은 하루 하루와 매일 이별하는 삶이다. 오늘따라 가수 김광석의 잔잔하고 애잔한 노랫말이 그리워지는 날이다.

문학작품 177. He wishes for the cloths of Heaven.

현대 영시의 대부인 예이츠의 시「He wishes for the cloths of Heaven」을 우리말로 번역하면 "그는 하늘의 천을 기원한다."이다.

「하늘의 천」

예이츠

내게 금빛과 은빛으로 짠

하늘의 천이 있다면,

어둠과 빛과 어스름으로 수놓은

하얗고 희뿌옇고 검은 천이 있다면,

그 천을 그대 발 밑에 깔아드리련만

나는 가난하여 가진 것이 꿈뿐이라

이 시의 하이라이트는 바로 다음 두 행이다.

내 꿈을 그대 발 밑에 깔았습니다.
사뿐히 밟으소서 그대 밟는 것 내 꿈이오니
I have spread my dreams under your feet.
Tread softly because you tread on my dream.

'have spread'는 현재완료로서 과거의 사실이 현재까지 이어지는 것을 의미한다. 영어 'tread'는 '밟다'라는 뜻이고 'on'은 '접촉해서 위' 이다.

스승 김억이 번역한 예이츠의 시는 한국의 민족시인 김소월에게 영향을 주었다고 할 수 있다.

가시는 걸음 걸음 놓인 그 꽃을
사뿐히 즈려 밟고 가시옵소서

몇 년 전 JTBC에서 방영한 TV 드라마 〈미스 함무라비〉에서도 예이츠의 시 「하늘의 천」이 나왔다. 이 드라마의 남자 주인공이 이 시를 읽는 동안 나도 모르게 손을 들고 "이 시는 예이츠의 시 「하늘의 천」이네"라고 크게 외쳤다. 정말 공부는 아는 만큼 보이는 법이다.

회화 178. There goes my vacation.

"휴가는 물 건너갔군."을 영어로 무엇이라고 할까? 정답은 "There goes my vacation."이다. 직역하면 "저기에 나의 휴가가 간다."이다. 휴가가 저만치 멀리서 간다는 의미는 휴가가 물 건너 갔다는 의미이다. "휴가가 물 건너 갔군."을 "My vacation went across water."라고 영작하면 콩글리시이다. '물 건너 가다'는 '더 이상 돌이킬 수 없어 이루어지기 어렵게 되다'라는 의미를 가지고 있다.

기적의 1분영어

관용적 표현 179. That movie was a total bomb.

"그 영화 진짜 꽝이었어."를 영어로 무엇이라고 할까?

정답은 "That movie was a total bomb."이다. 직역하면 "그 영화는 완전한 폭탄이었어."이다. 폭탄은 좋지 않은 사람, 사물, 상황 등을 나타낼 때 쓰는 단어이다. 소개팅에서 만난 사람이 너무 이상한 행동을 하거나 내 마음에 들지 않는 사람일 때 '폭탄'이라는 말을 사용한다. 또 어떤 사람이 이상한 발언을 할 때 그 발언을 폭탄 발언이라고 한다. 재미있는 것은 영어와 우리말이 똑같이 폭탄이라는 단어가 부정적인 의미로 사용된다는 것이다. 이렇게 우리말과 영어의 공통점과 차이점을 발견해 내는 것도 즐겁게 영어를 공부하는 방법들 중의 하나이다.

회화 180. neh neh neh boo boo

'얼레리 꼴레리'를 영어로 무엇이라고 할까? 정답은 "neh neh neh boo boo"이다. '얼레리 꼴레리'의 또 다른 표현으로 "A and B are sitting in the tree."가 있다. 직역하면 "A와 B는 나무에 앉아 있다."이다.

초등학교 때 같은 반 남자 아이와 여자 아이가 다정해 보이면 반

친구들이 "얼레리 꼴레리! 철수는 영희를 좋아한대요"라는 말을 하면서 두 사람을 놀리곤 했던 기억들이 다들 있을 것이다.

신라의 향가 「서동요」도 얼레리 꼴레리 노래이다. 마 파는 아이 서동은 백제의 선화공주를 좋아한다. 그래서 그는 동네 아이들에게 마를 주며 「서동요」라는 향가를 부르게 한다. 이 노래는 삽시간에 백제에까지 퍼져 나가고 결국 서동은 선화공주와 결혼하고 백제의 무왕이 된다. 무왕과 선화공주가 만나서 결혼했다는 것은 실제 역사가 아닌 허구이다.

선화 공주님은

남 몰래 사랑하고

마 파는 아이 서동을

밤에 몰래 안고 간다

얼레리 꼴레리를 공부하다 보니 말이 「서동요」까지 이어졌다. 공부는 이렇게 꼬리에 꼬리를 무는 것이다.

단어 181. craft beer

'craft beer'를 영어로 무엇이라고 할까? 정답은 '수제 맥주'이다. 수제 맥주란 손으로 만든 맥주라는 뜻이다. 영어 'craft'는 '기술'이라는 뜻을 가지고 있다. 맥주에 과일주 성분을 넣어 만든 맥주도 수제 맥주이다. 몇 년 전 수제 맥주를 마셨는데 혀끝에서 수제 맥주의 감미로운 맛이 올라왔다. 수제 맥주를 영어로 'hand made beer'라고도 한다.

단어 182. sweet and sour pork

'탕수육(糖水肉)'을 영어로 무엇이라고 할까? 정답은 'sweet and sour pork'이다. 직역하면 '달콤하고 신 돼지고기'이다. 사람들은 중화요리를 파는 음식점에서 대개 짜장면, 짬뽕을 먹는데 특별한 날에 먹는 요리가 바로 탕수육이다. 바싹 튀겨진 탕수육은 소스에 찍어 먹는 맛이 일품이다. 탕수육이 들어간 삼행시가 있다.

탕: 탕수육입니다. 행님

수: 수고했다. 아그야

육: 육천 원입니다. 돈 내세요. 행님

삼행시가 들어간 삼행시도 있다.

삼: 삼푸(샴푸)로 머리를 감았다

행: 행궜다

시: 시익! 퐁퐁이다

단어 183. self- surrender

'자수(自首)'는 범죄자가 수사 기관에 자발적으로 자기의 범죄 사실을 신고하고 그 처벌을 구하는 것이다. 그럼 자수를 영어로 무엇이라고 할까? 정답은 'self- surrender'이다. 직역하면 '자기 항복'이다.

자수를 의미하는 또 다른 말로 'self -denunciation', 'voluntary denunciation'도 있다. 'denunciation'은 '(공개적으로 하는)맹렬한 비난'이라는 뜻이다. 만약 죄를 지었다면 자수하여 광명을 찾는 것이 현명한 방법이다.

관용적 표현 184. You have really high standards.

"너 참 눈이 높다."를 영어로 무엇이라고 할까? 정답은 "You have really high standards."이다. 직역하면 "너는 정말로 높은 기준들을 가지고 있다."이다. 같은 표현으로는 "You're too picky."

가 있다. 직역하면 "너는 너무 까다로워"이다. "너 참 눈 높다."
를 "You have really high eyes."라고 영작하면 콩글리시이다. 눈이 높
다는 것은 사람을 보는 기준이 높다는 뜻이다.

사자성어 185. Heaven doesn't give everybody both luck and talent.

'角者無齒(각자무치)'를 영어로 무엇이라고 할까?

정답은 "Heaven doesn't give everybody both luck and talent."이
다. 직역하면 "하늘은 모든 사람에게 행운과 재능 둘 다를 주지는 않
는다."이다. '角者無齒(각자무치)'란 "뿔이 있는 짐승은 날카로운 이빨
이 없다."라는 뜻이다. 영어 'not~every'는 부분부정으로 '모두가 ~
하지는 않는다.'는 뜻을 가지고 있다. 예를 들어 재능이 뛰어나면 재
력이 없고 재력이 뛰어나면 재승이 없는 것을 '각자무치'라고 한다. 뿔
도 달리고 이도 있는 짐승 즉 재능도 뛰어나고 재력도 있으면 좋겠
지만 신은 공평한 법이다. '각자무치'는 한 사람이 모든 재주나 재능
을 다 가질 수는 없음을 이르는 말이다.

관용적 표현 186. He counted his beads.

"그는 기도했습니다."를 영어로 무엇이라고 할까? 정답은 "He counted his beads."이다. 직역하면 "그는 그의 묵주들을 세었다."이다. 묵주를 센다는 것은 기도한다는 것을 의미한다. 천주교에서 기도를 할 때 돌리는 염주를 묵주라고 한다. 묵주를 돌리며 하는 기도를 묵주 기도라고 한다. 묵주의 끝에는 작은 십자가가 있다. 신자들은 묵주를 돌리면서 자신의 신앙을 공고히 하게 된다. 따라서 묵주를 돌리는 것은 기도하는 것을 상징한다.

브레이크 타임

달은 강릉 경포대에서 연인과 함께 술을 마시며 보는 달이 으뜸이라고 한다. 그 이유는 달이 다섯 곳의 장소에 뜨기 때문이라고 한다.

1) 하늘에 떠있는 달

2) 바다의 달

3) 호수의 달

4) 술잔 속의 달

5) 임의 눈에 비친 달

사랑하는 사람과 경포대에 가면 밤에 술잔에 술을 따르고 이 말이
진짜인지 한번 확인해 보라.

명언 187. Human beings are imperfect until death. So if
someone tries to be perfect, he is still imperfect.

인간은 죽기 직전까지 불완전한 존재이다. 그래서 누군가 완벽
을 논한다면 그도 아직 불완전한 것이다. 인간은 신이 아니기 때문에
불완전한 존재이다. 신조차도 완벽하지 못하다.

human being: 인간, imperfect: 불완전한, still: 아직도

회화 188. I had my hair cut by a hairdresser.

"나는 머리를 잘랐다." 이 문장을 영어로 무엇이라고 할까?

정답은 "I had my hair cut by a hairdresser."이다. 이 문장
을 직역하면 "나는 미용사에 의해서 머리카락이 잘라지게 했다."이
다. 문법적으로 말하면 머리카락은 잘라지는 것이다. 그러나 한국인
들은 "머리카락이 잘린다"라고 말하지 않고 "머리를 자른다"라고 말한
다. 자신의 머리카락은 미용실에서 미용사에 의해 잘라지는 것이다.
우리말은 영어에 비해 능동이 피동('~당하다', '~되어지다')보다 훨

씬 더 어울리는 언어이다. 한국어로 나는 머리를 잘렸다라고 하면 자신의 의지가 아닌 타인의 강요로 억지로 머리를 잘렸다는 뜻이 된다. 영어에서도 "I cut my hair."라는 표현이 있지만 나 스스로 머리카락을 잘랐을 때에만 쓰는 표현이다.

명언 189. Love sees no faults.

"사랑하면 단점이 안 보인다."를 영어로 무엇이라고 할까? 정답은 "Love sees no faults."이다. 직역하면 "사랑은 어떤 결점들도 보지 않는다."이다. 사랑하면 눈에 콩깍지가 씌어 사랑하는 상대방의 결점이 보이지 않는다. 사랑하면 사랑하는 사람의 눈에 낀 눈꼽도 나에게는 슈크림처럼 보인다. 연애할 때에는 사랑하는 사람의 모든 행동들이 장점으로 보이는데 결혼해서 살면 사랑하는 사람의 장점이 단점으로 보이게 된다. 사랑하면 단점이 영원히 안 보이는 사람들이 되기를 바란다.

회화 190. My daughter passed the test with flying colors.

"나의 딸은 시험을 성공적으로 통과했다."라는 문장을 우리말로 어떻게 해석할까? 정답은 "My daughter passed the test with fl

기 적 의   1 분 영 어

ying colors."이다. 이 문장을 "나의 딸은 깃발을 나부끼며 시험을 통과했다."라고 하면 직역이다. 영어 'with flying colors'는 '성공적으로' 또는 '당당하게'라는 뜻을 가진 영어 'successfully'의 또 다른 표현이다. 육상에서 피니쉬 라인을 제일 먼저 밟은 선수가 깃발을 흔들며 경기장을 한 바퀴 도는 장면이나 배들이 바다를 지나갈 때 깃발을 나부끼며 소속감을 드러내는 것이 대표적인 예라고 할 수 있다.

☕ 브레이크 타임

'형법', '민법', '소송'을 영어로 무엇이라고 할까?

형법은 'penal law' 또는 'criminal law', 민법은 'civil law', 소송은 'lawsuit'이다. 영어 'penal'은 '형벌의', '형사상의'라는 뜻을 가지고 있다. 영어 'criminal'은 '범죄자'라는 뜻을 가지고 있다. 'criminal law'는 범죄자의 법이기 때문에 형법이라는 뜻이 된다. 영어 'civil'은 '시민의'라는 뜻을 가지고 있다. 그래서 'civil law'는 '시민의 법' 즉 '민법'이라는 뜻이다. 영어 'lawsuit'은 '소송'이라는 뜻을 가지고 있다. 영어 'suit'은 '남성 정장'이라는 뜻 외에도 '소송'이라는 뜻을 가지고 있다. 그래서 'suit'라는 단어에도 소송이라는 뜻이 있는데 'lawsuit'라는 단어를 쓰면 '소송'의 의미가 분명해진다.

만화 제목 191. foodie, gourmet

만화가 허영만의 만화 〈식객〉에 맛은 혀끝으로 느끼는 것이 아니라 마음으로 느끼는 것이라는 말이 나온다. 혀끝으로 느끼는 맛은 잠깐이지만 마음으로 느끼는 맛은 우리가 살아있는 동안 영원히 존재한다. 식객(한자)이란 맛있는 음식을 찾아다니면서 먹는 일을 즐기는 사람을 의미한다. 미식가도 식객과 같은 의미를 가지고 있다. 미식가를 foodie, gourmet라고 한다.

이론 192. attribution theory

귀인이론(歸因理論)을 영어로 무엇이라고 할까? 정답은 attribution theory이다. 귀인이론이란 성공이나 실패에 대해 그 원인을 찾는 방식에 대한 이론이다. 예를 들면 내가 시험을 잘 보면 내가 열심히 공부해서 잘 보는 것이고 내가 시험을 잘 못 보면 시험 문제가 너무 어렵게 나와서 시험을 못 본 것이라고 생각하는 것이 귀인이론이다. 한 마디로 '잘 되면 내 탓, 못 되면 조상 탓'이 바로 귀인이론이다.

성공하는 리더들은 일이 아주 잘 풀리면 밖을 보며 "운이 아주 좋았어요."라고 하며 외부로 공을 돌리고, 일이 잘 풀리지 않으면 거울을 보며 "내가 좀 더 노력했어야 했는데."라고 하며 책임을 자신에게 돌린다.

명언 193. Friendship often ends in love, but love in friendship never.

"우정은 종종 사랑으로 끝을 맺기도 하지만 사랑은 결코 우정으로 바뀔 수 없다."이 문장을 영어로 어떻게 영작할까? 정답은 "Friend ship often ends in love, but love in friendship never."이다. 우정은 친구간의 정을 의미하는 단어로 보통 동성끼리의 우정을 의미한다.

이성간의 우정도 있다. 예를 들면 동창 커플은 처음에는 같은 학교 동창으로 만나서 사랑으로 발전한 경우이다. 그러나 사랑이 우정으로 바뀌는 건 쉽지 않다. 남녀가 서로 사랑하다가 여자가 "이제 우리 친구로 지내자."라고 말하는 것은 "나 이제 더 이상 너와 만나고 싶지 않아."라는 말의 다른 표현인 경우가 많다.

가수 피노키오의 노래 중에 〈사랑과 우정사이〉가 있다.

사랑보다 먼 우정보다는 가까운
날 보는 너의 그 마음을 이젠 떠나리
내 자신보다 이 세상 그 누구보다
널 아끼던 내가 미워지네.

사랑과 우정 사이에서 사랑이 우정으로 쓸쓸하게 내려가기보다는 우정이 사랑으로 화려하게 바뀌는 커플들이 많이 나오면 좋겠다.

단어 194. reindeer

순록을 영어로 무엇이라고 할까? 정답은 'reindeer'이다. 예전에 순록을 영어로 무엇이라고 하는지 문제를 낸 적이 있다. 정답은 reindeer인데 한 학생의 기발한 상상력에 빵 터졌다. 그 학생이 쓴 정답은 Rudolph였다. 루돌프가 순록의 한 종류일 수는 있지만 순록을 영어로 루돌프라고는 하지 않는다.

단어 195. enjoyment in untroubled ease

'逍遙遊(소요유)'를 영어로 무엇이라고 할까? 정답은 'enjoyment in untroubled ease'이다. 직역하면 '곤경받지 않는 편안함 속의 즐거움'이다. '逍遙(소요)'란 쉽게 말해서 배회한다는 뜻이다. '소요유'는 장자 내편의 맨 앞에 나오는 편이다. '소요유'란 '산책하며 즐긴다'라는 뜻을 가지고 있다. 경기도 동두천에 가면 逍遙山(소요산)이 있다. 서경덕, 김시습 등이 소요했다고 해서 불리는 이름이다.

북쪽 바다에 곤이라는 물고기가 있는데 새로 변해서 붕새가 되고 한 번 날갯짓을 하면 구만리를 날아간다. 이 광경을 본 작은 새들이 이렇게 말한다. "우리는 조금만 날갯짓하면 작은 나무에 도달하는데 왜 저 새는 저렇게 높이까지 날아가는가?" 장자는 인간의 큰 지혜와 작은 지혜를 붕새와 작은 새로 표현했다. 그러나 붕새가 구만리를 날아가기 위해서는 작은 새가 작은 나무를 오르는 과정을 거쳐야만 한다. 장자는 대지(大智)와 소지(小智)를 이렇게 붕새와 작은 새에 비유해서 우화적으로 소요를 이야기했다. 밖의 사물에 현혹되지 않고 편안히 자신의 삶을 살아가는 것이 바로 소요유이다.

속담 196. Start off with a bang and end with a whimper

용두사미(龍頭蛇尾)를 영어로 무엇이라고 할까? 정답은 "Start off with a bang and end with a whimper."이다. 직역하면 "탕 하는 소리와 함께 시작해서 흐느낌으로 끝난다."이다. 마라톤 경주에서 출발선상에 서있는 선수들은 모두 우승을 하려고 스스로에게 다짐한다. '탕' 하는 총소리와 함께 선수들은 있는 힘을 다해 달리기 시작한다. 그러나 경주가 끝날 때쯤 대부분의 선수들은 처음의 충만하던 사기는 온데간데없고 끝을 못 맺는 경우가 많다. 그래서 요란하게 시작해서 끝을 못 맺는 경우에 용두사미(龍頭蛇尾)라는 사자성어를 쓴다. 직역하면 '용의 머리 뱀의 꼬리'이다. 같은 표현으로는 "Good beginning makes a bad ending."이 있다. "좋은 시작은 나쁜 끝을 만든다."라는 뜻이다.

사자성어 197. The bookbinding snaps three times.

'위편삼절(韋編三絶)'을 영어로 무엇이라고 할까? 정답은 "The bookbinding snaps three times."이다. 직역하면 "책 제본이 세 번 끊어진다."이다. 공자가 애독한 책 중 하나가 『주역』이었다고 한다. '위편삼절'이란 "한 권의 책을 몇십 번이나 되풀이해서 읽어서 책의 철한 쪽이 산산이 흩어진 것을 다시 고쳐 매어서 애독을 계속하는 것, 즉 몇 번이고 반복해서 읽고 열심히 공부하는 것"을 뜻한다. 공자는 만년(晩年)에 주역을 너무 열심히 읽어서 주역을 묶는 가죽 끈이 여러 번 끊어졌다고 한다. 영어 'snap'은 '툭 끊어지다', '지끈 꺾어지다'의 뜻을 가지고 있다. 나도 한때 영어에 푹 빠졌을 당시 영어 사전의 제본된 부분이 몇 번 떨어진 적이 있었다. 이것을 한자로 표현하면 '韋編三絶(위편삼절)'이라고 한다.

기적의 1분영어

제5장

-217-

관용적 표현 198. I'm head over heels in love.

"I'm head over heels in love." 이 문장을 우리말로 무엇이라고 할까? 정답은 "나는 사랑에 푹 빠졌어."이다. 직역하면 "나는 사랑에 있어서 발꿈치 위에 있는 머리이다."이다. 발꿈치로 걸어 다닐 때마다 발꿈치 위에 머리가 있으니 걸을 때마다 머리로 온통 그 사람 생각뿐이라는 의미이다. '걸을 때마다 온통 그 사람 생각' 참 가슴 떨리는 표현이다.

가수 현철의 노래 가운데 〈사랑에 푹 빠졌나 봐.〉가 있다.

아무리 잊으려고 애를 애를 써봐도
잊을 수가 없는 걸
낮이나 밤이나 나는 너만 보고 싶어
사랑에 푹 빠졌나 봐.

이런 상태가 바로 "I'm head over heels in love."이다.

속담 199. What's learned in the cradle is carried to the grave.

"세 살 버릇 여든까지 간다."를 영어로 무엇이라고 할까? 정답은 "What's learned in the cradle is carried to the grave."이다. 직역 하면 "요람에서 배운 것은 무덤으로 옮겨진다."이다. 이 영어 표현에서 'what'은 '무엇'이라는 뜻이 아니라 '~하는 것'이라는 뜻이다. 'is carried to'는 '~으로 옮겨진다'라는 뜻이다. "세 살 버릇 여든까지 간다."를 한자로는 무엇이라고 할까? 정답은 "三歲之習 至于八十(삼세지습 지우팔십)"이다. 직역하면 "3세의 습관이 팔십 세까지 이른다."이다. 한자 '之(지)'는 '~의'라는 뜻으로 쓰였고, 한자 '于(우)'는 '~에'라는 뜻으로 쓰였다. 어려서부터 좋은 습관을 가지는 것이 평생 습관의 토대가 된다.

단어 200. the process of love

사랑의 과정을 영어로 무엇이라고 할까? 정답은 'the process of love'이다. 그러면 사랑의 과정 5단계를 알아보자.

1) know(알다): 상대방을 처음 알게 되는 단계
2) like(좋아하다): 그 사람과 정이 들어 약간 썸 타는 단계

기적의 1분영어

3) love(사랑하다): 그 사람만 보면 가슴이 울렁거리고 그 사람이
예뻐 보이는 단계

4) need(필요로 하다): 그 사람이 절대적으로 필요한 단계

5) admire(경탄하다): 서로를 끝없이 존경하는 단계

영어 'process'는 '과정'이라는 뜻 외에 '처리하다'라는 뜻도 가지고
있다. 당신은 지금 사랑의 과정 중 1단계인가? 아니면 5단계인가?

명언 201. There are no great people in this world, only grea
t challenges which ordinary people rise to meet.

"이 세상에 위대(偉大)한 사람은 없다. 단지 평범한 사람이 일어
나 맞서는 위대한 도전이 있을 뿐이다." 이 문장을 영어로 어떻게 표
현할까?

"There are no great people in this world, only great chall
enges which ordinary people rise to meet."이다. 위대한 사람이
란 자신이 할 도전을 끊임없이 최선을 다해서 해내는 사람이다. 이 말
은 William Frederick Halsey Jr.가 한 말이다. 도전할 목표를 정하
고 그 목표를 향해서 열심히 나아갈 때 이미 위대한 사람이 되어 있는

것이다. 위대한 사람이라는 말이 나와서 난센스 퀴즈 하나 나간다. 밥을 아주 많이 먹는 사람을 다섯 글자로 무엇이라고 할까? 정답은 '위대(胃大)한 사람'이다. 여기에서 말하는 위대한 사람은 위가 큰 사람이다.

노래 제목 202. a letter not sent

'부치지 않은 편지'를 영어로 무엇이라고 할까? 정답은 'a letter not sent'이다. 직역하면 '보내지지 않은 편지'이다. '부치지 않은 편지'는 정호승 시인이 쓴 시이다. 가수 김광석의 1996년 앨범 〈가객〉에 수록된 노래로 시인이자 음악가인 백창우 씨가 곡을 붙이고 가수 김광석이 노래했다.

이 노래는 학도병(학생의 신분으로 전쟁에 참가한 병사)의 노래를 정호승 시인이 시로 표현한 것을 곡으로 만든 작품이다. 편지를 부치지 못한 학도병에 대한 애틋한 심정이 잘 나타나 있다.

언 강 바람 속으로 무덤도 없이
세찬 눈보라 속으로 노래도 없이
꽃잎처럼 흘러 흘러 그대 잘 가라

회화 203. Please give well-wishing remarks today.

"덕담 한 말씀 해 주시죠."를 영어로 무엇이라고 할까?

정답은 "Please give well-wishing remarks today"이다. 직역하면 "오늘 잘 기원하는 언급들을 말해주세요."이다. 새해가 되면 어른들이 아이들에게 덕담을 한 말씀씩 해준다. 德談(덕담)이란 덕이 있는 이야기라는 뜻이다. 독자 여러분도 건강하시고 화목한 가정 이루시고 소망하시는 바를 잘 이루시기 바랍니다.

용어 204. prime time

'황금빛 시간', 또는 '금빛 시간' 이 표현을 영어로 무엇이라고 할까? 정답은 'prime time'이다. 한국에서 TV에서 시청률이 높은, 사람들이 많이 보는 시간대를 흔히들 'Golden time'이라고 하는데 이 단어는 콩글리시이다. 실제로 '골든 타임'이라는 표현은 쓰지 않는다. 그럼 황금빛 시간을 영어로 무엇이라고 할까? 정답은 'prime time'이다. 직역하면 '최고의 시간'이다.

사자성어 205. Don't be ashamed to inquire of those beneath one.

'不恥下問(불치하문)'을 영어로 무엇이라고 할까?

정답은 "Don't be ashamed to inquire of those beneath one." 이다. 직역하면 "자신보다 아래에 있는 사람들에게 묻는 것을 부끄러워하지 마라"이다. 이 문장에서 'those'는 '사람들'이라는 뜻으로 쓰였고 'one'은 '자신'의 의미로 쓰였다. 비록 나이는 어리다 할지라도 학식이 뛰어난 사람에게 묻는 것은 부끄러운 일이 아니다. '불치하문'은 공자님이 하신 말씀이다. 자신보다 뛰어난 사람들에게 물어서 배움의 지평을 넓히는 것은 매우 중요한 일이다.

격언 206. Stardom comes with a price tag.

"유명인은 유명세를 낸다."를 영어로 무엇이라고 할까?

정답은 "Stardom comes with a price tag."이다. 직역하면 "스타의 지위는 가격표와 함께 온다"이다. 스타에게는 가격표가 붙어 있다. 유명한 만큼 그에 따른 대가를 치러야 한다는 의미이다. 유명인은 사람들에게 잘 알려진 만큼 그에 따라 신중하게 처신해야 한다는 의미를 담고 있다. 유명해진다는 것은 좋은 일이지만 유명해지면 그에 따른 책임과 의무가 따른다는 것을 명심하라.

명언 207. Happiness is in the process of pursuit.

"행복은 추구하는 과정에 있다."를 영어로 무엇이라고 할까? 정답은 "Happiness is in the process of pursuit."이다. 영단어 'pursuit'는 '추구하다'라는 뜻을 가진 'pursue'의 명사이다. 영국의 철학자이자 수학자였던 러셀(Russell, Bertrand Arthur)이 한 말이다. 무언가를 추구하고 있다는 것처럼 행복한 일은 없다.

단어 208. a black-and-white photograph

'흑백사진'을 영어로 무엇이라고 할까? 정답은 'a black-and-white photograph(검은색과 흰색 사진)', 'a photograph in black-and-white(검은색과 흰색으로 된 사진)'이다. 흑백사진은 지나간 추억을 회상하며 과거로 시간 여행을 떠나게 해준다. 빛 바랜 흑백사진을 보며 옛 추억에 빠져든다. 흑백 사진을 보는 것은 추억으로의 시간 여행이다.

격언 209. Praise breeds willingness.

"칭찬은 고래도 춤추게 한다."를 영어로 무엇이라고 할까?

정답은 "Praise breeds willingness."이다. 직역하면 "칭찬은 기꺼이 함을 야기한다."이다. 영어 'breed'는 '낳다', '사육하다', '야기하다'의 뜻을 가지고 있다. "칭찬은 고래도 춤추게 한다."라는 표현을 영어로 "A praise makes even a whale dance."라고 표현하면 콩글리시이다. 결혼해서 아내가 음식을 잘 못해서 맛이 없어도 "정말 음식 맛있어."라고 이야기해 주면 아내는 호텔 요리사 수준의 실력이 된다. 결혼한 지 20년이 지난 지금 아내가 요리한 음식이 너무 맛이 있어서 나는 "대장금이 환생했네."라고 말한다. 칭찬은 요리 못하는 아내도 호텔 요리사로 만드는 마력을 가진다.

소설의 3요소 외우는 방법

소설의 3요소는 주제, 구성, 문체이고 소설 구성의 3요소는 인물, 사건, 배경이다. 쉽게 외우는 방법은 "주구문(죽으면) 인사 배(double)"이다. 장례식장에 가면 돌아가신 분께 이배(二拜)를 한다. 이배란 두 번 절한다는 뜻이다. 이렇게 이야기를 만들면 소설의 3요소와 소설 구성의 3요소를 쉽게 암기할 수 있다.

회화 210. Please propose a toast.

"건배 제의 한번 하시죠."를 영어로 무엇이라고 할까? 정답은 "Please propose a toast."이다. 영어 'toast'는 '건배' 또는 '건배하다'의 뜻을 가지고 있다. 원래 'toast'는 '구운 빵'이라는 뜻도 있지만 '건배'라는 뜻도 있다. 맥주에 구운 빵을 넣으면 앙금이 가라앉는다는 데에서 유래했다고 한다. 영어 'propose'는 '청혼하다'의 뜻도 있지만 '제안하다'의 뜻도 가지고 있다. 제 건배사는 '여기! 저기!'입니다.

여: 여러분의

기: 기쁨이

저: 저의

기: 기쁨입니다

문학작품 211. 'Me, Natasha and the White Donkey'

'나와 나타샤와 흰 당나귀' 이 표현을 영어로 무엇이라고 할까? 정답은 'Me, Natasha and the White Donkey'이다. 모던 보이라는 호칭이 붙을 정도로 잘생긴 외모와 똑똑한 지능으로 그 당시 여성들에게 선망의 대상이었던 시인 백석의 시 제목이다. 그는 일본 야오야마 대학 영문학과를 졸업하고 교사로 근무하던 1936년 회식 자리에서 김영한을 만나 첫눈에 사랑에 빠진다. 그는 자야라고 이름 붙인 그녀에게 만주로 가서 살자고 말한다. 자야는 백석의 장래에 짐이 될까 머뭇거린다. 백석은 먼저 만주로 가서 자야를 기다리지만 자야는 오지 않는다. 백석은 자야를 기다리며 '나와 나타샤와 흰 당나귀'라는 시를 썼다.

「나와 나타샤와 흰 당나귀」

백석

눈은 푹푹 나리고
아름다운 나타샤는 나를 사랑하고
어데서 흰 당나귀도 오늘밤이 좋아서 응앙응앙 울을 것이다

잠시 동안만이라고 믿었던 이별이 영원한 이별이 된다. 혼자 서울에 남은 자야는 백석에 대한 아픔을 잊으려고 대원각이라는 요정을 세워 큰 부자가 된다. 훗날 자야는 당시 시가 1000억 원 상당의 대원각을 아무 조건도 없이 법정 스님에게 시주한다. 그 대원각이 현재 서울 성북동에 위치한 사찰인 '길상사'로 변했다. 그녀는 평생 백석을 그리워하다 1999년 세상을 떠났다.

그녀가 떠나기 전에 1000억 원의 재산을 기부했는데, 아깝지 않느냐는 한 기자의 질문에 이렇게 대답했다. "1000억이 그 사람 시 한 줄 값도 안 돼." 그녀는 사는 동안 일 년에 단 하루는 음식을 전혀 먹지 않았다. 그날은 바로 백석의 생일인 7월 1일이었다.

그녀의 유언(will)은 자신이 죽으면 화장해서 길상사에 눈 많이 내

리는 날 뿌려달라는 것이었다. 소원대로 그녀의 유골은 눈이 푹푹 내

리는 어느 날 길상사 앞마당에 뿌려졌다. 참으로 애잔한 러브 스토리

다. '흰 당나귀'는 눈을 맞으며 걸어가는 당나귀(donkey)이다. 길상사

에도 이 시가 있다. '나와 나타샤와 흰 당나귀'라는 시의 의미를 알면

이 시가 더욱 더 가슴 깊이 파고든다.

단어 212. fourteen lies of Korea

'한국의 14대 거짓말'을 영어로 무엇이라고 할까?

정답은 'fourteen lies of Korea'이다.

😁 우리나라 14대 거짓말

14위 : 여자들 : 어머 너 왜 이렇게 예뻐졌니?

13위 : 학원 광고 : 전원 취업 보장 전국 최고의 합격률

12위 : 비행사고 : 승객 여러분 아주 사소한 문제가 발생했습니다.

11위 : 연예인 : 그냥 친구 이상으로 생각해 본 적 없어요.

10위 : 교장 : (조회 때) 마지막으로 한마디만 간단히…

9위 : 친구 : 이건 너한테만 말하는 건데…

8위 : 장사꾼 : 이거 정말 밑지고 파는 거예요.

7위 : 아파트 신규 분양 : 지하철역에서 걸어서 5분 거리

6위 : 수석 합격자 : 그저 학교 수업만 충실히 했을 뿐입니다.

5위 : 음주 운전자 : 딱 한 잔밖에 안 마셨어요.

4위 : 중국집 : 출발했어요. 금방 도착해요.

3위 : 옷가게 : 어머 너무 잘 어울려요. 맞춤옷 같아요.

2위 : 정치인 : 단 한 푼도 받지 않았어요.

그럼 대망의 1위는 무엇일까?

자리 양보 받은 노인 : 에구…괜찮은데….

자리를 양보 받은 노인이 괜찮다고 말씀하시는 것은 고마움에 대한 또 다른 표현이다.

-230-

단어 213. a man whom women like

'여자들이 좋아하는 남자'를 영어로 무엇이라고 할까?

정답은 'a man whom women like'이다. 이때 영어 'whom'는 관계대명사로 쓰여서 '~하는'이라는 뜻이다. 여자들이 좋아하는 남자는 유머러스한 남자, 자기 관리 잘하는 남자, 스마트한 남자, 마음이 따뜻한 남자, 아빠 같은 남자, 시크(chic)한 남자(멋지고 세련된 남자), 나한테 자존심 안 세우는 남자, 감동을 주는 남자, 나만 바라봐주는 남자라고 한다. 나는 유머러스하고 자기관리하고 마음이 따뜻하고 감동을 주는 남자는 맞는 것 같다.

단어 214. the seven stages of love

'사랑의 7단계'를 영어로 무엇이라고 할까? 정답은 'the seven stages of love'이다. 사랑에도 단계가 있다.

1단계: 나는 너를 만난다.
2단계: 나는 너를 생각한다.
3단계: 나는 너를 좋아한다.
4단계: 나는 너를 사랑한다.

5단계: 나는 너를 원한다.

6단계: 나는 너를 필요로 한다.

7단계: 나는 너다.

얼굴만 봐도 그 사람이 무엇을 생각하는지 아는 단계가 바로 7단계이다.

회화 215. Can't take my eyes off you.

"당신에게서 눈을 뗄 수가 없어요."를 영어로 무엇이라고 할까?

정답은 "Can't take my eyes off you."이다. 영어 'take off'은 '벗다', '쉬다', '이륙하다', '떼어내다' 등 여러 가지 뜻을 가지고 있다. "I can't take my eyes off you."라는 문장에서 'I'가 생략된 것이다. 누군가에게서 눈을 뗄 수 없다는 말은 누군가에게 빠졌다는 말이다. 자신이 사랑하는 사람에게서 눈을 뗄 수 없다는 건 아주 행복한 일이다.

명언 216. There is no pleasure in having nothing to do; the
fun is in having lots to do and not doing it.

"할 일이 아무 것도 없는 것은 즐겁지 않다. 할 일이 많은데 안 하고 있는 것이 즐거운 것이다." 이 표현을 영어로 무엇이라고 할까?

정답은 "There is no pleasure in having nothing to do; the fun is in having lots to do and not doing it."이다. 메리 월슨의 말이다. 할 일이 없다는 것은 불행한 일이다. 할 일이 많다면 힘은 들어도 행복한 것이다. 할 일이 쌓여 있는데 잠깐 여유를 가지는 것이 '忙中閑(망중한)'이다. '바쁜 가운데 한가로움'이라는 뜻이다. 서재에서 공부해야 할 책들이 많은데 잠시 쉴 때 큰 행복을 느낀다.

문학작품 217. Life is an umbrella.

"삶이란 우산이다."를 영어로 무엇이라고 할까? 정답은 "Life is an umbrella."이다. 양광모 시인은 「우산」이라는 시에서 삶을 우산에 빗대어 멋지게 표현했다.

기적의 1분영어

「우산」

양광모

한 사람이
또 한사람의
우산이 되어줄 때
한 사람은
또 한 사람의
마른 가슴에 단비가 된다

우산을 펴고 접고 소유하고 빌려주고 함께 쓰고 하는 것 등으로 인생을 표현하는 게 참 멋지다. 누군가의 우산이 되어준다는 것은 의미 있는 일이다. 우산 속에 나란히 함께 걷는 것은 진정으로 아름다운 모습이다.

회화 218. Do you know the taste of rice puffs?
"니들이 뻥튀기 맛을 알아?"를 영어로 무엇이라고 할까?

▲〈저자가 찍은 다람쥐가 뺑튀기 먹는 사진〉

정답은 "Do you know the taste of rice puffs?"이다. 영어 'puff'은 '부풀어 오르다'의 뜻을 가지고 있다. 옥수수 알이나 쌀을 튀기면 뺑 소리가 나면서 뺑튀기가 된다. 8년 전 여름 오대산 숲을 걷다가 다람쥐 한 마리를 발견했다. 그런데 그 다람쥐가 뺑튀기를 도토리를 돌리는 것처럼 돌려서 맛있게 먹고 있었다. 나는 조심스럽게 다람쥐 가까이에 갔는데 그 다람쥐는 나를 의식하지 않았다. 그 다람쥐는 나에게 "네가 뺑튀기 맛을 알아?"라고 말하는 것 같았다. 나는 다람쥐가 뺑튀기 먹는 순간을 놓치지 않고 사진으로 찍었다. 뺑튀기 먹는 다람쥐 사진은 지금 봐도 재미있다.

이론 219. ten thousand hour rule

'만 시간의 법칙'을 영어로 무엇이라고 할까?정답은 'ten thousand hour rule'이다. 영어에는 '만'이라는 단어가 없어서 'ten thousand'를 사용한다. 'ten thousand'는 '십 천'이라는 뜻으로 '천이 열 개 모였다.'라는 의미이다. 만 시간의 법칙이란 어떤 일을 하루 세 시간씩 십

기적의 1분영어

년을 하면 그 분야의 전문가가 된다는 법칙이다. TV에 나오는 생활의 달인들은 모두 만 시간의 법칙을 실행에 옮긴 분들이다. 전문가가 되고 싶다면 하루에 세 시간씩 십 년을 연구하면 된다.

☕ 브레이크 타임

> **『중용(中庸)』 20장의 내용을 영어로 이야기하면?**
>
> ① 博學(박학): 널리 배워라.
>
> ② 審問(심문): 배우기 이전에 물음이 있어야 한다.
>
> ③ 愼思(신사): 신중하게 생각하라.
>
> ④ 明辨(명변): 명확하게 분변하라.
>
> ⑤ 篤行(독행): 돈독히 행하라.
>
> 아예 배우지 않으면 몰라도 일단 배우면 능하지 않으면 중도에 포기하지 말라. 아예 묻지 않으면 몰라도 일단 묻기 시작했다면 정확히 알 때까지 중도에 포기하지 말라. 아예 생각하지 않으면 몰라도 일단 생각하기 시작했다면 결과를 알 때까지 중도에 포기하지 말라. 아예 분별하지 않으면 몰라도 일단 분별하기 시작했다면 분명

해질 때까지 중도에 포기하지 마라. 아예 행하지 않으면 몰라도 일단 행하기 시작했다면 돈독할 때까지 중도에 포기하지 마라. 다른 사람이 한 번에 능하면 나는 백 번을 하고 다른 사람이 열 번에 능하면 나는 천 번을 한다. 과연 이렇게 할 수 있다면 비록 어리석다 할지라도 반드시 현명해지고 비록 유약할지라도 반드시 강해진다.

중용 20장에 나오는 말이다. 현대 인지심리학에서 말하는 내용이 지금부터 2500여년 전에 이미 다 이야기되었다. 영어 공부에도 만 시간의 법칙이 적용된다. 하루에 열 시간씩 3년을 공부하면 만 시간이다.

한자로는 길지만 영어로는 간단하다. "Please make an effort continuously." "끊임없이 노력하라."라는 뜻이다. 나도 영문학을 공부하면 몇 십 권은 영어 원서로 읽어야 한다는 생각에 2학년 때 미국의 소설가 나다니엘 호돈의 『주홍글씨』를 완독한 적이 있다. 다른 사람이 한 번 하면 나는 백 번 하라는 중용의 내용은 공부를 할 때 꼭 필요한 진리이다.

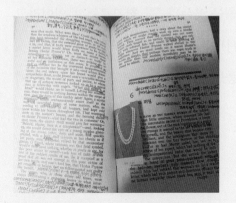

▲〈저자가 공부한 미소설 「주홍글씨」〉

속담 220. The sparrow near a school sings the primer.

"서당 개 3년에 풍월을 읊는다."를 영어로 무엇이라고 할까? 정답은 "The sparrow near a school sings the primer."이다. 직역하면 "학교 근처에 있는 참새는 1학년 독본을 따라 한다."이다. 서당에서 삼 년 동안 산 개들은 글 읽는 소리를 낸다는 뜻이다. 풍월(風月)은 음풍농월(吟風弄月)의 줄임말이다. 어떤 분야에 아무런 지식이 없는 사람조차도 그 분야에 오래 있다 보면 어느 정도 지식을 가지게 된다는 뜻이다. primer는 첫걸음 책, 입문서를 의미한다. 다시 말해서 primer는 초등학교에서 배우는 최초의 책이다. 요즘에는 식당 개 3년에 라면을 끓인다고도 한다. 개도 집 생활 3년이면 사람처럼 소파에서 잘 수 있다. "서당 개 3년에 풍월을 읊는다."를 한자로는 무엇이라고 할까? 정답은 '당구풍월(堂狗風月)'이다. 원래는 '당구삼년폐풍월(堂狗三年吠風月)'인데 줄여서 '당구풍월(堂狗風月)'이라고 한다. 한자 '폐(吠)'는 '짖다'라는 뜻이다.

용어 221. MBTI

MBTI는 모녀가 만든 심리 검사이다. 'MBTI'는 어떤 영어의 약자일까? 정답은 'Myers Briggs Type Indicator'이다. '마이어스-브릭스 성격유형지표'라는 뜻이다. Myers-Briggs Indicator라는 이름처럼 MBTI는 진단검사라기보다는 선호도를 나타내는 검사이다. 심리검사 결과 나는 INFJ가 나왔다. I(Introversion)는 내성적인 경향을, N(iNtuition)은 직관을, F(Feeling)는 감정을, J(Judging)는 판단을 의미한다. 외향은 E(Extroversion)로, 감각은 S(Sensing)로, 사고는 T(Thinking)로, 인식은 P(Perceiving)로 표시한다. 종합하면 나는 예언자형이다. 예언자형은 강한 직관력과 통찰을 지니고 있다. 또한 양파 같은 사람이고 조용하면서 대담하고 내적인 의미와 진실을 추구한다. MBTI는 내면을 꿰뚫어보는 심리검사이다. 기회가 되면 MBTI 검사를 꼭 해보기 바란다. 자신의 유형을 알면 자신의 성향을 알 수 있고 자신의 성향에 알맞은 직업을 찾을 수 있다.

속담 222. The belly has no eyes.

'금강산도 식후경'을 영어로 무엇이라고 할까? 정답은 "The belly has no eyes."이다. 직역하면 "배는 눈이 없다."이다. 아무리 좋은 일도 배가 든든하게 부른 뒤에 흥이 난다는 뜻이다. 같은 표현으로 "꽃 구경도 식후사(食後事)"라는 말이 있다. '식후사'란 밥을 먹고 난 후의 일이라는 뜻이다. '금강산도 식후경'을 영어로 "Eating and watching Geumgangsan"이라고 하면 콩글리시이다. 금강산도 식후경을 의미 하는 다른 영어 표현으로 "A loaf of bread is better than the song of many birds."가 있다. 직역하면 "빵 한 조각이 많은 새들의 노래보 다 더 좋다."이다. "In any situation, eating comes first."라는 말도 있다. "어떤 상황에서든 먹는 것이 제일 우선이다."라는 뜻이다.

노래 223. We are not getting old but getting ripe gradually.

"우린 늙어가는 것이 아니라 조금씩 익어가는 겁니다." 이 문장 을 영어로 무엇이라고 할까?

정답은 "We are not getting old but getting ripe gradually." 이다. 영어 'get'은 '~하게 되다'라는 뜻을 가지고 있다. 이 표현은 가 수 노사연이 부른 노래 〈바램〉에 나오는 가사이다. 바램은 문법적으 로는 잘못된 표현이다. '바라다'의 파생명사는 '바람'이다. '바램'은 "볕 이나 습기를 받아 색이 변하다"라는 뜻을 가진 '바래다'의 파생명사이 다. 사람은 늙어갈수록 세월의 나이테인 주름도 생기지만 삶의 지혜도 생긴다. 지식은 배워서 알게 되지만 지혜는 경험으로 알게 된다.

단어 224. Mohs' hardness tester

'모오스 경도계'를 영어로 무엇이라고 할까? 정답은 Mohs' hardness tester이다. '경도계(硬度計)'란 물체의 굳은 정도를 재는 데 쓰는 기구이다. 모오스는 독일의 광물학자이다. 모오스 경도계란 모오스가 돌의 굳기에 관해 가장 약한 광물부터 가장 강한 광물로 배열한 것을 말한다. 모오스 경도계의 순서는 다음과 같다.

1도: 활석- 손톱에 긁힌다.

2도: 석고- 손톱에 긁힌다.

3도: 방해석-동전에 긁힌다.

4도: 형석- 쇠칼에 긁힌다.

5도: 인회석- 쇠칼에 긁힌다.

6도: 정장석- 쇠줄에 긁힌다.

7도: 석영 -수정유리에 긁힌다.

8도: 황옥- 강옥에 긁힌다.

9도: 강옥- 다이아몬드에 긁힌다.

10도: 금강석- 지구상에서 가장 강한 물질이다.

(활)은 (썩고) (방)패는 (형)편없다. (인)제는 (정)말로 (석영)이 (황)(강)에서 (제일)이다.

*활: 활석, 썩고: 석고, 방: 방해석, 형: 형석, 인: 인회석, 정: 정장석, 석영: 석영, 황: 황옥, 강: 강옥, 제일: 금강석(다이아몬드)

이렇게 모오스 경도계를 이야기로 만들면 쉽게 암기된다. 금강석은 쇠망치로 깨뜨리면 깨지지만 쇠톱으로 하루 종일 잘라도 잘리지 않는다.

이론 225. three types of an individual's conflict

'개인 갈등의 세 가지 전형'을 영어로 무엇이라고 할까?

정답은 'three types of an individual's conflict'이다.

1) approach-approach conflict(접근-접근 갈등)

접근-접근 갈등은 둘 다 접근하고 싶을 때 발생한다. 중국집에서 짜장면도 먹고 싶고 짬뽕도 먹고 싶을 때 생기는 갈등이 접근-

접근 발생이다. 중국집에서 이러한 접근-접근 갈등을 해소하려고 만들어진 것이 바로 짬짜면이다.

2) avoidance-avoidance conflict(회피-회피 갈등)

둘 다 하고 싶지 않을 때 발생한다. 밥도 하기 싫고 추워서 밥 먹

으러 밖에 나가기도 싫을 때 생기는 갈등이 회피-회피 갈등이다. 이 회피-회피 갈등을 해소하려고 나온 것이 바로 배달 음식이다.

3) approach-avoidance conflict(접근-회피 갈등)

동일한 상황에서 접근하려는 요소와 피하려는 요소의 갈등이다. 밥은 먹고 싶은데 밥은 하기 싫을 때 생기는 갈등이다. 이 접근-회피 갈등을 해소하려고 만

들어진 것이 바로 햇반이다.

개인 갈등의 세 가지 전형에 대해서 접근-접근 갈등, 회피-회피 갈등, 접근-회피 갈등으로 나누어 살펴 보았다. 그리고 이런 갈등을 음식의 예를 들어 설명했다. 이렇게 우리가 삶을 살아가는 데 있어서 우리도 모르게 심리학적 요소들이 작용하고 있다.

단어 226. the ruling party

여당을 영어로 무엇이라고 할까? 정답은 the ruling party이다. 직역하면 지배하는 당이다. 영단어 party는 친목을 도모하거나 무언가를 기념하기 위해 만드는 잔치나 모임을 뜻하기도 하지만 정당이라는 의미로도 쓰인다. 그러면 야당은 영어로 무엇이라고 할까? 정답은 the opposition party이다. 직역하면 반대당이다. 야당은 여당의 정책에 대해 견제하는 기능이 있다. 반대를 위한 반대가 아닌 보다 바람직한 방향으로 나아가기 위한 견제는 아주 중요하다. 우스갯소리로 여당은 '위하여'라고 하며 술을 마시고 야당은 '위하야'라고 하며 술을 마신다고 한다.

단어 227. biography & autobiography

'전기(傳記)'와 '자서전(自敍傳)'을 영어로 무엇이라고 할까? 정답은 전기는 'biography'이고 자서전은 'autobiography'이다. 영어 'biography'를 분석해 보면 'bio'는 '살아있는'이라는 뜻이고 'graph'는 '쓰다(write)', 'autobiography'의 'auto'는 '자신의'라는 뜻이다. 전기란 작가가 한 사람의 생애에 대해서 쓰는 것을 말하고 자서전은 자신이 자신의 생애에 대해 글을 쓰는 것을 말한다. 『이순신 전기』는 작가가 이순신의 생애에 대해 교훈적인 내용에 대해 쓴 전기이고 『시련은 있어도 실패는 없다』는 정주영회장이 자신의 삶에 대해 돌이켜보며 이야기한 자서전이라고 할 수 있다.

관용적 표현 228. The nerve of you

"간이 배 밖으로 나왔구나."를 영어로 무엇이라고 할까? 정답은 "The nerve of you"이다. 직역하면 "너의 신경"이다. 같은 표현으로 "What nerve!"가 있다. '신경'이라는 뜻의 'nerve'는 담력, 용기라는 뜻도 가지고 있는데 긍정적인 뜻보다는 부정적인 뜻으로 많이 쓰인다. "간이 배 밖으로 나왔구나."를 "The liver came out of your stomach."라고 하면 완전히 콩글리시이다. 회사원이 회사에 무단 결근하거나 학생이 학교에 무단 결석할 때에 이런 표현을 쓴다. 요즘에는 "간이 안드로메다까지 갔구나."라는 표현도 쓴다. 우리 모두 간이 배 밖으로 나오지 않도록 주의합시다.

바로 줘야 하는 팁(tip)

호텔에서 벨보이(bellboy)들이 짐을 나르는 것을 도와줄 때 팁을 준다. 팁(tip)이 'to insure promptness(신속성을 보장하는 것)'의 약 자라는 말이 있는데 이는 근거 없는 민간어원설이다. 이 말로 해석을 해도 의미는 통한다. 팁은 바로 줘야 한다. 2009년에 형 그리고 지인 들과 캄보디아에 간 적이 있었다. 나는 형과 같은 방을 썼는데 호텔 방의 벽에 큰 벌레가 한 마리 있었다. 형은 호텔 프런트에 전화를 해 서 "There's a large bug in the room."이라고 했다. 그러자 바로 직 원이 우리가 머무는 방으로 달려왔다. 그는 수건으로 벌레를 친 후 손 으로 바로 큰 벌레를 잡았다. 다음 날 방을 정리하는 분들을 위해 내 가 책상 위에 올려놓은 2달러를 형이 바로 그 직원에게 주었다. 그 직 원은 고맙다는 말을 여러 번 한 후 다시 프런트로 내려갔다. 이것이 바로 팁이다. 한국 같으면 만 원을 주고 벌레를 잡으라고 해도 잡지 않았을 것이다. "내가 지금 줄 팁이 없으니 계좌로 보낼게요."라고 말 하는 것은 예의에 어긋난 일이다.

"얼마예요?"를 라오스어로 하면?

몇 년 전 지인들과 라오스에 다녀왔다. 즐거운 여행을 하다 보니 어느덧 여행의 마지막 날이 되었다. 가이드님은 우리에게 가격을 흥정하려면 라오스의 숫자와 "얼마예요?"라는 표현을 알아야 한다며 무료 라오스어 강습을 해주셨다. "얼마예요?"는 라오스어로 "타올 다이?('타올 다오'와 비슷하게 외울 것)"이다. 그리고 라오스의 1~10까지의 숫자 외우는 방법은 다음과 같다.

1. ນຶ່ງ(능)
2. ສອງ (썽)
3. ສາມ (쌈)
4. ສີ່(씨)
5. ຫ້າ (하)
6. ຫົກ (혹)
7. ເຈັດ (쩻)
8. ແປດ (뺏)
9. ເກົ້າ (까오)
10. ສິບ (씹)

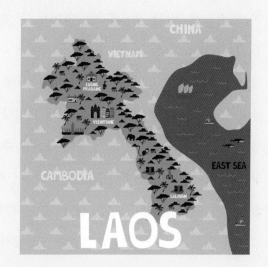

라오스어로 화장실을 무엇이라고 할까? 정답은 '헝남(ຫ້ອງນ້ຳ)'이다. '헝'은 '방'을 의미하고 '남'은 '물'을 의미해서 합하면 '물방'이 된다. 영어에서도 화장실을 'water closet'이라고 하고 우리말로 하면 '물 창고'가 된다. 화장실을 약자로 쓰면 W.C이다. 화장실에서 볼일을 본 후 물을 내리면 물이 아래로 내려간다는 점에서 영어와 라오스어는 의미가 같다.

음악 229. Ballade Pour Adeline

'아드린느를 위한 발라드'를 영어로 무엇이라고 할까? 정답은 'Ballade pour adeline'이다. 한 남자에게 너무나 사랑했던 연인이 있었다. 어느 날 그 남자는 전쟁터에 나가게 되었고 전쟁 중에 그는 불행히도 팔 하나와 다리 하나를 잃게 되었다. 그 모습으로는 자신이 정말 마음으로 사랑했던 그녀 곁에 다가갈 수 없다고 여긴 그는 결국 그녀를 떠나기로 결심했다. 그는 그것만이 자신만을 사랑했던 그녀에게 보여 줄 수 있는 진정한 사랑이라 생각했다. 시간은 흘러 그는 그녀의 결혼 소식을 접하게 되었다. 그 남자는 한때 사랑했던 그녀의 결혼식이 있는 곳으로 찾아갔다. 그가 마음속으로 진정으로 사랑했던 그녀의 결혼을 축하해 주기 위해서였다. 먼 발치에서 결혼식을 바라보던 그 남자는 그만 그 자리에 주저앉고 말았다. 그녀의 곁에는 두 팔과 두 다리가 없는 사람이 휠체어에 앉아 자신이 사랑했던 그녀와 결혼식을 올리고 있었던 것이다. 그때 그 남자는 자신이 그녀를 얼마나 아프게 했고 그녀가 자신을 얼마나 사랑했는지를 알게 되었다. 그는 그녀가 자신의 건강하고 온전한 몸만을 사랑했던 게 아니라는 걸 깨달았다. 뒤늦게 그 사실을 깨달은 남자는 그녀를 위해 눈물을 흘리며 음악을 작곡했다. 그 곡이 바로 너무나 유명한 '아드린느를 위한 발라드'이다. 작곡가 '폴 드 세느비유'에 의해 '아드린느를 위한 발라드'는 이렇게 지고지순하고 숭고한 사랑의 힘으로 탄생하였다.

누군가를 진정으로 사랑한다는 것은 그 사람의 외면뿐만 아니라 내면까지도 사랑한다는 것이다. 이 음악을 듣고 있으면 한 남자를 사랑했던 여인의 마음과 그 여인을 멀리서 바라보는 남자의 애틋함이 마음 속에 아련히 울려 퍼진다.

브레이크 타임

"반드시 저 산꼭대기에 올라 자그마한 뭇 산들을 내려다보리라." 시성(詩聖)이라고 평가되는 중국 당나라 때의 시인 두보의 〈望嶽(망악, 골짜기를 바라보며)〉이라는 시의 한 부분이다.

會當凌絕頂(회당능절정),
一覽衆山小(일람중산소)
반드시 저 산꼭대기에 올라
자그마한 뭇 산들을 내려다보리라

이 시는 두보가 24세 때 지은 시로 오늘날까지 사람들의 입에 오르내리는 멋진 글이다. 중국의 후진타오 전 주석과 원자바오 전총리가 미국의 부시 대통령과 회담 때 인용한 시구이다. 중국이 미국을 넘어 세계 최강이 되겠다는 의지를 두보의 시를 통해 우회적으로 표현했다고 할 수 있다. 산꼭대기에 올라 뭇 산들을 내려다보는 날이 당신에게 있기를 진심으로 기원한다.

속담 230. Hard work is never wasted.

"공든 탑이 무너지랴."를 영어로 무엇이라고 할까? 정답은 "Hard work is never wasted."이다. 직역하면 "힘든 일은 결코 낭비되지 않는다."이다. "공든 탑이 무너지랴."라는 말은 힘들여 노력한 일은 그 결과가 정대로 헛되지 않다는 뜻이다. 같은 영어 표현으로 "Hard work always pays off."이 있다. 직역하면 "힘든 일은 항상 이익이 된다."이다. "A man's labors will be crowned with success."라는 표현도 있는데 "사람의 노동들은 성공으로 왕관을 쓴다."라는 뜻이다. "공든 탑이 무너지랴."를 한자로는 적공지탑기훼호(積功之塔豈毁乎)라고 한다. "공을 들인 탑이 어찌 무너지랴."라는 뜻이다. 한자 '적(積)'은 '쌓다'라는 뜻이고 한자 지(之)는 '~하는'이라는 뜻이고 한자 '기(豈)'는 '어찌'라는 뜻이고 한자 '훼(毁)'는' 훼손된다'라는 뜻이다.

"외국어를 모르는 사람은 자기 모국어도 모르는 사람이다."

The man who knows no foreign language knows nothing his Mother tongue.

독일의 대문호 괴테가 한 말이다. 우리가 외국어를 공부하는 것은 모국어를 잘하기 위한 하나의 방편에 지나지 않는다.

한 초등학생이 쓴 아빠 엄마 4행시

아: 아빠는

빠: 빠덜

엄: 엄마는

마: 마덜

회화 231. I want to meet someone with a warm heart.

"가슴이 따뜻한 사람과 만나고 싶다."를 영어로 무엇이라고 할까? 정답은 "I want to meet someone with a warm heart."이다. 영단어 'with'는 '~을 가진'이라는 뜻을 가진다. 'to meet'은 '만나기'라고 해석된다. 이를 문법적으로는 부정사의 명사적 용법이라고 한다. 이 말은 맥심 커피 CF에 나온 카피 라이팅(copywriting)이다. '카피 라이팅'을 우리말로 하면 '광고 문안 작성'이다. 가슴이 따뜻한 사람을 만나서 커피 한 잔 마시는 시간은 정말 행복한 시간이다.

단어 232. CSI

'CSI'를 우리말로 무엇이라고 할까? 정답은 '범죄 현장 수사(Crime Scene Investigation)'이다. 이전에는 범죄 현장에서 감식하는 것만을 의미했지만 오늘날에는 유전자 감식, 몽타주, CCTV 판독, 화재 감식 등 과학적인 수사를 이용하는 모든 수사를 의미한다. CSI와 비슷한 것으로 'NFS'가 있다. 'NFS'는 'National Forensic Service(국립 과학수사 연구원)'의 약자이다. 1955년에 설립된 이래로 범죄 수사에 대해 과학적인 분석을 하는 곳으로 일명 '국과수'라고도 한다. 이러한 과학 수사는 피해자의 정확한 사인을 규명하여 범인을 검거하는 데 유용하다고 할 수 있다. 범죄는 결코 용납되어서는 안 되는 범법 행위이다. 이러한 과학 수사를 통해 유사한 또 다른 범죄가 더 이상 발생하지 않기를 진심으로 기원한다.

관용적 표현 233. Don't reinvent the wheel.

"Don't reinvent the wheel." 이 표현을 우리말로 무엇이라고 할까? 정답은 "소모적인 투자는 하지 마라."이다. 직역하면 "바퀴를 재발명하지 마라."이다. 바퀴가 이미 있는데 바퀴를 다시 발명한다는 것은 의미 없는 일이다. 아무리 새로운 바퀴를 만든다고 해도 바퀴는 바퀴일 뿐이다.

같은 의미를 나타내는 말로 "Don't make an effort about a time consuming thing(시간을 소비하는 것에 대해서 노력하지 마라)."이 있다. "너는 정말 새로운 것을 해냈구나."라는 문장은 "You did reinvent the wheel."이라고 한다. 직역하면 "너는 정말 바퀴를 재발명했구나."이다.

노래 234. When I touch you, my fingertips warm up.

"너를 만지면 손끝이 따뜻해." 이 표현을 영어로 무엇이라고 할까?

정답은 "When I touch you, my fingertips warm up."이다. 가수 김창완이 부른 〈찻잔〉이라는 노래의 가사이다.

너를 만지면 손끝이 따뜻해.

온몸에 너의 열기가 퍼져

소리 없는 정이 내게로 흐른다.

영어 'warm up'은 '완전히 따뜻해'라는 뜻이다. 사랑하는 사람과 함께 있으면 추운 겨울도 따뜻한 봄이 된다.

드라마 대사 235. I am a woman who graduated from Ewha

Womans University.

"나 이대 나온 여자야."를 영어로 무엇이라고 할까?

정답은 "I am a woman who graduated from Ewha Womans University."이다.

이 대사는 영화와 드라마에서 많이 쓰였던 대사이다. '~을 졸업하다'를 영어로 'graduate from'이라고 한다. 지하철 2호선을 타고 가다 보면 이화여대역이 나온다. 그런데 이화여대역에 쓰인 간판을 보면 'Ewha Womans Univ.'라고 쓰여 있다. 영어 'woman'의 복수는 'women'이 맞다. 이화여대를 영문으로 바꾸어 소개하는 최초의 자료에서 'women'을 'womans'로 썼다고 한다.

그런데 대학의 이름은 고유 명사여서 지적되지 않았다고 한다. 결국 Ewha Womans University.가 고유 명사로 인정받은 것이다.

단어 236. the originator, the father, the founder

'시조(始祖)'를 영어로 무엇이라고 할까?

정답은 'the originator', 'the father', 'the founder'이다. 직역하면 'the originator'는 창시자이고 'the father'는 아버지이고 'the founder'는 창설자이다. 시조(始祖)란 처음 만든 할아버지라는 뜻이다. 시조를 다른 말로 '비조(鼻祖)'라고도 한다. 비조는 직역하면 코가 큰 할아버지이다. 그럼 왜 시조를 비조라고 할까? 아이가 태어나면 가장 먼저 생기는 게 코라고 한다. 그래서 어떤 학문이나 이론을 처음 만든 사람을 시조 또는 비조라고 하는 것이다.

문학작품 237. In the morning, threads of silk, In the evening, flakes of snow.

'조여청사모성설(朝如靑絲暮成雪)'을 영어로 무엇이라고 할까?

정답은 "In the morning, threads of silk, In the evening, flakes of snow"이다. 직역하면 '아침에는 비단실, 저녁에는 눈송이' 이다. 이 말은 미국의 동양학자인 Arthur David Waley(아더 데이비드 웨일리)가 영역한 표현이다. 그는 대영박물관에서 일하면서 동양학 관련 번역과 저술 활동을 했다. 이백은 인생이 빨리 지나간다는 것을 "아침의 푸른 실이 저녁에 흰 눈이 되었네."라고 표현했고 아더 웨일리는 이것을 '아침에는 비단실, 저녁에는 눈송이'라고 표현했다. 웨일리는 원작의 푸른 실을 비단실로 영역했다. 코흘리개 아이가 눈 한 번 감았다 뜨니 어느새 70대의 노년이 된 것이 조여청사모성설이다.

영화명대사 238. Chowon's legs are worth a millon dollars.

"초원이 다리는 백만 불짜리 다리" 이 대사를 영어로 무엇이라고 할까?

정답은 "Chowon's legs are worth a million dollars."이다. 이 표현은 영화 〈말아톤〉에 나오는 대사이다. 자폐아인 초원이가 일기장에 써놓은 표현에서 제목을 따와서 영화 제목을 마라톤이 아닌 〈말아톤〉이라고 붙였다. 이 영화에서 초원이 엄마는 초원이가 마라톤을 잘할 수 있도록 격려하면서 아들 초원이에게 "초원이 다리는?"이라고 묻는다. 그러면 초원이는 "백만 불짜리 다리"라고 대답한다. 엄마는 다시 "몸매는?"이라고 묻는다. 그러면 초원이는 "끝내줘요"라고 대답한다. 영어에서 worth 다음에 명사가 나오면 '~의 가치가 있다'라는 뜻이다. 영화 대사를 통해 영어를 공부하는 것도 영어 실력 향상의 지름길이다.

이론 239. Broken Window Theory

'깨진 유리창의 법칙'을 영어로 무엇이라고 할까?

정답은 'Broken Window Theory'이다. 깨진 유리창의 법칙이란 깨진 창문 하나가 기업의 이미지나 사람들의 행동에 영향을 미친다는 것을 의미한다. 깨진 유리창의 법칙은 미국의 범죄학자인 제임스 윌슨과 조지 켈링이 1982년 3월에 공동 발표한 법칙이다. 이 이론은 사회 무질서에 관한 이론으로 깨진 유리창 하나를 대로 내버려 두면, 그 지점을 중심으로 범죄가 크게 확산되기 시작한다는 이론이다. 사소한 범죄를 방치해 두면 큰 사건으로 이어질 가능성이 커진다는 뜻이다. 만약 길거리에 있는 상점에 어떤 사람이 돌을 던져서 창문 유리창이 깨졌을 때 이를 그대로 방치해 두면 그다음부터는 '저렇게 해도 된다'는 생각에 더 큰 피해가 발생한다. 이것이 바로 '깨진 유리 창의 법칙'이다.

영어 'broken'은 'break(깨뜨리다)'의 과거분사로 수동의 의미로 쓰여 '깨진'이라는 뜻을 가진다.

회화 240. Please come and give life to the event.

"부디 참석하셔서 자리를 빛내주세요."를 영어로 무엇이라고 할까?

정답은 "Please come and give life to the event."이다. 직역 하면 "오셔서 행사에 생명을 주세요."이다. 영단어 event는 '행사'라 는 뜻과 '사건'이라는 뜻을 가지고 있으니 문맥에 맞게 해석하면 된다. '자리를 빛내다'를 'add much to an occasion'이라고도 한다. 직역하 면 '행사에 많이 첨가하다'이다. 자리를 빛낸다는 것은 그 자리를 영광 되게 한다는 뜻이다. '자리를 빛내다'라는 표현으로 'bring glory to'도 쓸 수 있다. 이 표현을 쓰면 표현의 규모가 커진다.

예를 들면 "Winning a Nobel prize brought glory to his coun try."라는 문장은 "노벨상 수상은 그의 나라에 영광을 가져다주었습

니다."라는 뜻으로 쓰여 국위 선양의 의미를 나타낸다. 이 문장에서 'win'은 '이기다'라는 뜻이 아니라 '얻다'라는 뜻으로 쓰였다. 상은 선행상이든 밥상이든 좋은 것이다.

명언 241. A poet is the painter of the soul.

"시인은 영혼의 화가이다."를 영어로 무엇이라고 할까?

정답은 "A poet is the painter of the soul."이다. 화가는 그림으로 자신의 생각을 표현하지만 시인은 글로 자신의 생각을 표현한다. 영단어 draw는 단색으로 그린다는 의미이고 영단어 paint는 여러 색으로 그린다는 의미이다. 화가는 눈에 보이는 붓으로 그림을 그리지만 시인은 마음의 붓으로 그림을 그린다. 그래서 시인은 영혼의 화가라고 할 수 있다. 시인은 아름답게 삶을 가꾸는 영혼의 화가이다.

회화 242. When you feel better, people around you also feel better.

"당신이 기분이 좋아지면 당신 주변에 있는 사람들도 덩달아 기분이 좋아진답니다." 이 표현을 영어로 하면 무엇일까? 정답은 "When you feel better, people around you also feel better"이다. 내가 기분이 좋아지면 다른 사람들에게 미소 짓고 다른 사람들에게 미소를 지으면 다른 사람들도 기분이 좋아지게 된다. 이게 바로 행복 바이러스이다.

당신 기분이 좋아지면,
당신 주변에 있는 사람들도
덩달아 기분이 좋아진답니다.

― 존 고든의 『에너지 버스』 중에서

내가 먼저 행복해져야 다른 사람도 행복해지는 법이다.

명언 243. The sweetest of all sounds is the voice of the woman we love.

"모든 소리들 중에서 가장 달콤한 소리는 우리가 사랑하는 여성의 목소리입니다." 이 표현을 영어로 무엇이라고 할까?

정답은 "The sweetest of all sounds is the voice of the woman we love."이다. 이 말은 장 드라 브뤼에르의 말이다. 이 문장에

서는 선행사(관계대명사 앞에 나온 명사) 뒤에 목적격의 관계대명사 'whom'이 생략되었다. 관계대명사 다음에 주어가 나올 경우에는 그 관계대명사는 일반적으로 목적격의 관계대명사로 쓰인다. 남성의 목소리는 굵고 여성의 목소리는 가는 것이 특징이다. 그래서 남자가 '뿌잉 뿌잉' 하고 애교를 부리면 이상하지만 여자가 '뿌잉 뿌잉' 하고 애교를 부리면 사랑스럽다. 사랑하는 아내나 여자 친구가 있는 남성들은 "당신 목소리가 이 세상에서 가장 달콤한 목소리야."라고 이야기해 보라. 이 세상에서 굵은 남자의 목소리만 있다고 상상해 보라. 여성의 목소리는 신이 주신 천상의 목소리이다.

단어 244. parrot & myna

앵무새와 구관조를 영어로 무엇이라고 할까? 앵무새는 parrot이라고 하고 구관조는 myna라고 한다. 앵무새와 구관조는 사람의 목소리를 흉내 내는 새이다. 퀴즈 하나 나간다.

Q) 앵무새와 구관조가 사람의 말을 잘 흉내 내는 것은 무엇이 사람과 닮아서일까요?

(1) 성대　　　(2) 혀　　　(3) 목젖

정답은 (2)번 혀이다. 대부분의 새들은 혀가 짧고 딱딱해서 움직임이 제한되어 있는 반면에, 앵무새나 구관조의 혀는 두껍고 살이 많아서 사람의 혀와 비슷하다. 앵무새나 구관조는 사람의 혀와 비슷해서 사람의 말을 잘 흉내 낸다.

회화 245. He really let himself go.

"그는 너무 되는 대로 살았어."를 영어로 무엇이라고 할까? 정답은 "He really let himself go."이다. 직역하면 "그는 정말로 그 자신의 마음 내키는 대로 가게 해왔다."이다. 영어 'let oneself go'는 '외모 등에 신경 쓰지 않고 무작정 살아가다'라는 뜻을 가지고 있다. 되는 대로 살아가는 건 바람직한 삶은 아니다. 계획을 통해 살아가는 삶이야 말로 바람직한 삶이다.

영화 명대사 246. You are the best present God gave me.

"당신은 신이 내게 준 최고의 선물입니다."를 영어로 무엇이라고 할까? 정답은 "You are the best present God gave me."이다. "God gave me."라는 문장이 뒤에서 앞에 있는 단어 present를 수식해 주는 구조이다. 이 표현은 2001년에 개봉한 한국 영화 〈선물〉에 나오는 대사이다. 무명 개그맨으로 살아가는 용기가 아내 정연의

기적의 1분영어

제5장

삶이 얼마 남지 않았다는 것을 알게 되면서 그녀만을 위한 쇼를 준비한다. 자세한 내용은 영화를 통해 보기 바란다. 선물은 물건에만 해당되지 않는다. 사람도 선물이다. 그냥 선물이 아닌 신이 내게 준 최고의 선물이라는 것은 선물 중 최상의 선물이라는 뜻이다. 오늘 당신이 사랑하는 남편(아내)에게 이 글을 장미꽃 한 송이와 함께 써보는 건 어떨까? 사랑의 감정이 달콤한 치즈 케이크처럼 사르르 녹을 것이다.

관용적 표현 247. He is a clock watcher.

"그는 농땡이꾼이다."를 영어로 무엇이라고 할까? 정답은 "He is a clock watcher."이다. 직역하면 "그는 시계를 지켜보는 사람이다."이다. 일을 하지 않으려고 꾀를 부리며 게으름을 피우는 사람을 비하해서 농땡이꾼이라고 표현한다. 농땡이꾼은 일을 열심히 하기보다는 시간을 때우는 것을 주목적으로 하기 때문에 시계만 지켜보게 된다. 일을 할 때에는 시계만 지켜보는 사람이 되어서는 안 된다.

단어 248. pimple

여드름을 영어로 무엇이라고 할까? 정답은 'pimple'이다. 여드름을 다른 말로 '청춘의 다이아몬드'라고도 한다. 여드름은 '열들음'에서 나왔다. '열이 난다'는 말의 '열'과 '피부가 헐다'라는 뜻을 가진 동사의 어간인 '들'과 접미사 '음'이 합해져 만들어진 단어이다. 발음 규칙상 'ㄷ'이라는 자음 앞에서 'ㄹ'이 탈락되어 '열들음'이라는 단어가 '여들음'이 되고 다시 '여들음'이라는 단어가 발음하기 편하게 '여드름'이라는 단어로 되었다고 할 수 있다. 여자를 많이 생각하는 것을 '女多念(여다념)'이라고 하고 '여다념'에서 '여드름'이 되었다고 생각하면 엉뚱한 해석이다.

☕ 브레이크 타임

> **오리역(梧里驛)의 의미**
>
> 분당선을 타고 가다 보면 오리역이 나온다. 그럼 오리역의 의미는 무엇일까? 오리역을 한자로 쓰면 오리역(梧里驛)이다. 다시 말해서 오리역은 오동나무 마을이 있는 역이라는 뜻이다. 오리마을에는 예전에 마을 앞에 오동나무가 많았다고 한다.
>
> 그럼 영어 'ori'의 뜻은 무엇일까? 영어 'ori'는 '떠오른다'는 뜻을 가지고 있는 접두사이다. 동양을 영어로 orient라고 하는데 orient는 동양을 의미하고 동양은 해가 떠오르는 곳이라는 뜻이다.

단어 249. OEM

'OEM 방식'은 무슨 글자의 약자일까? 정답은 'Original Equipm ent Manufacturing(Manufacturer)'이다. OEM의 뜻은 '주문자 상표 부착 생산' 또는 '위탁 생산'이다. OEM 방식은 주문자의 의뢰에 따라 주문자의 상표를 부착하여 판매할 상품을 제재하는 업체를 말한다. 쉽게 말하면 OEM은 주문자가 요구하는 제품과 상표명으로 완제품을 생산하는 것이다.

단어 250. ATM

'자동 인출기'를 영어로 무엇이라고 할까? 정답은 ATM 이다.

그러면 ATM은 무슨 단어의 약자일까? 정답은 'Automated Teller Machine'이다. 영어 'automated'는 '자동의'라는 뜻이고 영어 'teller'는 '인출계원'의 뜻이고 영어 'machine'은 '기계'의 뜻이다. 이 세 단어를 합하면 '자동 인출기'라는 뜻이 된다. 현금을 인출, 입금 또는 송금할 때 은행의 직원에게 가지 않아도 그러한 일을 할 수 있게 하는 기계이다. 요즘은 인터넷 뱅킹이 활성화되어 인출기에 가지 않고도 송금이 가능하지만 그래도 자동 인출기는 편리한 기계이다. ATM은 회화에서는 AT The Moment의 의미로도 쓰인다. '지금 이 순간'이라는 뜻이다. 예를 들면 "I'm busy atm."이라는 말은 "나는 지금 바빠."라는 뜻으로 "I'm busy now."와 같은 뜻이다.

단어 251. THAAD

'사드'는 영어로 어떻게 쓸까? 정답은 'THAAD'이다.

사드를 정확하게 영어로 쓰면 'Terminal High Altitude Area Defense'이다. 직역하면 '사드'는 '종말 단계 고고도 미사일'의 약자이다. 사드는 미국의 미사일 요격체계중의 하나로 '고고도 미사일'로 번역된다. 단거리와 중거리 탄도 미사일이 발사될 때 레이더와 인공위성을 바탕으로 파악된 정보를 바탕으로 150km의 높은 고도에서 요격하는 미사일이다.

단어 252. voice phishing

보이스 피싱이란 전화를 통해 불법적으로 개인 정보를 빼내 범죄에 사용하는 신종 전화 사기수법을 말한다. 그럼 '보이스 피싱'을 영어로 어떻게 쓸까? 정답은 'voice phishing'이다. 영어 'phish'는 '이메일을 통해 합법적이고 믿을 만한 기업 행세를 하며 사용자를 속여 개인 정보를 넘겨받아 이를 신원 도용에 사용하다'라는 뜻을 가지고 있다.

따라서 '보이스 피싱(voice phishing)'은 목소리를 의미하는 보이스(voice)와 개인의 정보를 불법으로 알아내어 이를 이용하는 사기인 피싱(phishing)이라는 단어가 결합되어 만들어진 말이다.

보이스 피싱(voice phishing)을 보이스 피싱(voice fishing)으로 잘못 아는 사람도 있을 수 있다. 목소리로 사람을 낚기는 하지만 보이스 피싱은 voice fishing이 절대로 아니다. 보이스 피싱은 절대로 해서는 안 될 범죄이다. 전화로 현혹하는 말이나 직원을 사칭하는 말에 절대로 넘어가지 마라.

회화 253. He is easily affected by what people say.

'팔랑귀'란 귀가 팔랑팔랑거릴 정도로 얇아서 줏대 없이 남의 말에 솔깃해 이리 저리 흔들리는 사람을 말한다. "그는 팔랑귀이다."를 영어로 무엇이라고 할까? 정답은 "He is easily affected by what people say."이다. 직역하면 "그는 사람들이 말하는 것에 쉽게 영향을 받는다."이다. "그는 팔랑귀이다."를 "그는 귀가 얇다."라고도 한다. 귀가 얇은 사람은 남의 말에 쉽게 넘어가는 단점을 가지고 있다. 팔랑귀가 되면 안 되겠죠?

단어 254. roller coaster

청룡열차를 영어로 무엇이라고 할까? 정답은 'roller coaster'이다.

내가 영문학과 석사과정에 다닐 때의 일이다. 여동생으로부터 갑자기 "오빠 청룡열차가 영어로 뭐야?"라고 문자가 왔다. 나는 아무 생각 없이 'Blue Dragon Train'이라고 문자를 보냈다. 곧 그게 아닌 것 같다고 문자가 왔다. 나는 다시 'Blue Dragon Express'라고 문자를 보냈다. 열차가 빨리 가니까 'express'라는 단어를 'train' 대신 첨가한 것이다. 그러다가 다시 문자를 보냈다. "미안해. 청룡열차는 roller coaster야." 영어를 공부하다 보면 가끔은 너무 당연한 단어도 우리말 의미에 충실하게 영어로 쓰려는 경향이 있다. 이게 바로 지나친 영어 공부의 후유증이다.

용어 255. tragic flaw

'성격적 결함'을 영어로 무엇이라고 할까? 정답은 'tragic flaw'이다. 영어 'tragic'은 '비극적'이라는 뜻이고 비극을 의미하는 영어 'tragedy'의 형용사이다. 'flaw'는 '결점', '흠'이라는 뜻이다. 성격적 결함은 곧 비극적 결함이 되기 때문에 이런 의미가 첨가되었다. 셰익스피어의 4대 비극 중 하나인 『햄릿』의 주인공 햄릿은 우유부단한 성격(indecisiveness) 때문에 결국은 죽음에 이르는 비극적 결함을 가지고 있다. 그래서 셰익스피어의 비극을 다른 말로 성격희극이라고도 한다.

노래 256. Love is like raindrops out of the window.

"사랑은 창밖에 빗물 같아요."를 영작하면 무엇이라고 할까?

정답은 "Love is like raindrops out of the window."이다.

영어 'like'는 '좋아하다'의 뜻도 있지만 '~같은'이라는 뜻도 있다. 빗물은 영어로 'raindrops'이다. 가수 양수경이 1989년에 발표한 노래이다.

그 누구도 세월 가면 잊혀지지만 사랑은 창밖에 빗물 같아요.

빗물은 하늘에서 내려와 한 번씩 메마른 대지를 적셔준다. 창 안에서 창밖의 빗물을 바라보면 마음이 편안해지면서도 옛 사랑이 생각이 나기도 한다. 비와 사랑은 동전의 양면과 같다. 비가 내리면 아내와 한 우산 쓰고 함께 길을 걷던 생각이 난다. 사랑은 창밖의 빗물과 같다.

회화 257. I feel laden.

"마음이 무겁다."를 영어로 무엇이라고 할까? 정답은 "I feel laden."이다. 영단어 'lade'는 '짐을 싣다'라는 뜻이다. 직역하면 "나는 짐이 실린 것 같다"이다. 짐이 실린 것 같다는 것은 부담을 느낀다는 것이고 부담을 느낀다는 것은 마음이 무겁다는 뜻이다. "마음이 무겁다"라는 또 다른 표현으로 "My heart is heavy."가 있다. 이 표현은 우리말과 표현이 같다. 또 "I feel unmotivated."라는 말도 같은 뜻이다. 직역하면 "나는 움직이지 못하게 느낀다."이다. 우리말로는 한 가지 표현이 이처럼 영어에서는 여러 가지 표현으로 쓰인다.

☕ 브레이크 타임

> ### '타꼬야끼'를 우리말로 하면 무엇이라고 할까?
>
> 정답은 '문어구이'이다. '타꼬(たこ)'는 일본어로 문어를 의미하고 '야끼(やき)'는 일본어로 구이를 의미한다. 타꼬야끼는 두 개의 단어를 합성해서 만들어진 단어이다. 일본어 'やき'가 들어간 단어 중에 야끼만두가 있다. 우리말로 하면 군만두이다. '야끼만두'는 일본어 '타꼬(たこ)'와 한자 '만두(饅頭)'의 절묘한 만남이다. 타꼬야끼를 영어

로 쓰면 takoyaki가 된다. 우리말로 문어 구이라고 쓰지 않는 이유
는 일본에서 유래했기 때문이다.

'퇴고'를 영어로 무엇이라고 할까?

정답은 'revision'이다. 직역하면 '개정'이다. '퇴고'라는 말은 당나
라 시인 가도(賈島)로부터 유래했다. 그는 '僧鼓月下門(스님이 달 아
래서 절간 문을 두드린다)'이라는 시구를 떠올리고 '고(鼓, 두드리다)'
자를 그대로 둘 것인가 '퇴(推, 밀다)'자로 고칠 것인가를 생각하다
가 당송팔대가 가운데 한 사람인 한유를 만나 그의 권고로 '고(鼓)'라
는 글자로 고쳤다고 한다. 이 고사에서 퇴고라는 단어가 나온 것이
다. 「진달래꽃」이라는 시로 유명한 김소월 시인도 이 시를 한 번에 지
은 것이 아니라 수없이 퇴고한 끝에 완성시켰다. 퇴고에는 세 가지 원
칙이 있다. 그것은 ① 삭제의 원칙, ② 첨가의 원칙, ③ 재구성의 원칙
이다.

용어 258. chick lit

'chick lit'을 우리말로 무엇이라고 할까? 'chick lit'은 젊은 여
성을 의미하는 속어 'chick'에 문학을 의미하는 'literature'의 줄임

말 'lit'을 결합시킨 단어이다. 20대 여성 독자를 겨냥한 영미권 소설이나 영화를 의미하는 단어로 1990년대 중반 브리짓 존슨의 일기가 대표적인 예이다. 패션업계에 대해 조명한 2006년에 개봉한 영화 〈악마는 프라다를 입는다〉도 'chick lit'의 일종이다.

단어 259. Any Free Broadcasting

'아프리카 TV'의 뜻이 무엇일까? 정답은 'Any Free Broadcasting'이다. 직역하면 '어떤 자유로운 방송'이라는 뜻이다. 아프리카 TV는 인터넷 개인방송 서비스이다. 특별한 장비 없이도 누구나 쉽게 방송할 수 있다. 아프리카 TV에 대해 들어본 사람은 많은데 막상 아프리카 TV의 '아프리카'가 무슨 뜻인지 아는 사람은 많지 않다. 썰렁하지만 아프리카 TV는 아프리카 대륙과 전혀 관계 없다.

사자성어 260. The best thing is like water.

'上善若水(상선약수)'를 영어로 무엇이라고 할까? 정답은 "The best thing is like water."이다. 직역하면 "가장 좋은 것은 물과 같다."이다. '상선약수'의 '약수'를 산에서 나오는 '藥水(약수)'로 알면 안 된다.

'上善若水(상선약수)'는 『도덕경』에 나오는 말이다. 가장 좋은 것은 물과 같다. 물은 만물을 이롭게 하면서도 공을 다투지 않으며 모두가 싫어하는 곳에 처한다. 그러므로 도에 가깝다. 노자는 물을 통해 겸손함과 유연함 이야기했다. 물과 같이 남을 포용하고 남과 다투지 않는 삶을 산다는 것은 얼마나 멋진 일인가?

단어 261. abuse

'갑질'을 영어로 무엇이라고 할까? 정답은 'abuse'이다.

영어 'abuse'는 '남용(지나치게 사용함)'이라는 뜻도 있지만 '갑질'이라는 뜻도 있다. 그럼 '직권 남용'은 영어로 무엇이라고 할까?

정답은 'abuse of power' 또는 'abuse of one's authority'이다. 'power'는 '정치적 권력'을 의미하고 'authority'는 '권위'를 의미한다. 갑질이란 지위가 높은 사람이 직무를 핑계로 자신의 권한 밖의 행위를 행사하여 직무의 공정을 잃는 것을 말한다. 갑질은 우리 사회에서 없어져야 할 심각한 병폐 중의 하나이다. 갑과 을이 서로를 잘 이해하는 그런 사회가 오기를 진심으로 바란다.

회화 262. He is a penny pincher.

"그는 구두쇠야."를 영어로 무엇이라고 할까? 정답은 "He is a penny pincher."이다. 영어 'penny'는 '1센트짜리 동전'을 의미한다.

'pinch'는 '손가락으로 꼭 잡다'는 뜻이다. 쉽게 말해서 동전을 손에 꽉 움켜쥐고 쓰지 않는 사람이라는 뜻이다. 즉 아주 작은 돈에도 압박받는 사람을 의미한다. 구두쇠를 의미하는 또 다른 단어로 수전노, 깍쟁이, 자린고비, 짠돌이가 있다. 구두쇠는 1895년 최초의 국한대역사전인 『국한회어』에서 나온 단어라고 한다. '구두쇠'는 '굳다'와 '쇠'가 합쳐진 말이라고 추측되고 있다. '굳다'는 돈이 없어지지 않고 그대로 남아있다는 뜻이다. 한국에서 A라는 사람이 돈을 써야 하는데 돈이 남을 때 "돈 굳었네."라고 말한다. 구두쇠는 '굳다'와 연결어 '우'와 접미사 '쇠'가 합쳐진 단어로 '굳우쇠'가 연음법칙에 의해서 '구두쇠'가 되었다고 할 수 있다. 수전노(守錢奴)란 돈을 지키는 노예라는 뜻이다. 깍쟁이는 깍정이가 변해서 만들어진 말이다. 깍정이란 장례지내는 상주에게 돈을 뜯어내는 무뢰한을 의미하는 단어였는데 오늘날에는 그 의미가 지나치게 이기적이고 얄밉게 행동하는 사람이라는 뜻으로 축소되었다. 반찬을 먹기가 아까워서 생선을 천장에 달아두고 밥을 먹는 사람은 자린고비라고 한다. 원래 충주에 한 부자가 살

기적의 1분영어

제5장

-275-

앉는데 그는 제사 때 아버지의 지방(紙榜)을 매번 새 종이에 쓰는 것을 아까워했다. 그래서 그는 지방을 기름에 절여두었다. 그는 매년 기름에 절여둔 지방을 썼다고 한다. 고비(考妣)란 돌아가신 부모님을 의미한다. 여기에서는 돌아가신 부모님의 지방이라는 뜻이다. 자린고비의 원뜻은 기름에 절인 지방이라는 뜻이었는데 오늘날에는 인색한 사람이라는 뜻으로 쓰인다. 짠돌이는 아주 인색한 사람에 대하여 비유적으로 쓰는 말이다. 구두쇠를 의미하는 또 다른 단어로 miser가 있다. miser는 misery에서 유래한 단어로 돈에 인색해서 불행하다는 의미를 가지고 있다. cheap skate도 구두쇠라는 뜻이다. 억만장자인 한 노인이 연말에 자선단체로부터 도움을 달라는 요청을 받자 싸구려 스케이트를 준 데서 왔다는 설이 있다. '인색한'이라는 뜻의 재미있는 단어로 'tight-fisted'가 있다. 직역하면 '주먹을 쥔'이라는 뜻이다. 주먹을 꽉 쥐고 있다는 것은 인색하다는 뜻이다. "He is tight-fisted."는 "그는 짠돌이이다."라는 뜻이다.

격언 263. Great boast and small roast

"소문난 잔치에 먹을 것 없다."를 영어로 무엇이라고 할까?

정답은 "Great boast and small roast"이다. 직역하면 "큰 자

랑 그리고 작은 구이"이다. A가 B에게 자랑은 크게 했는데 B가 가서 보니 구워놓은 고기는 작다는 의미이다. "소문난 잔치에 먹을 것 없다."라는 표현은 떠들썩한 소문이나 큰 기대에 비하여 실속이 없거나 오히려 소문이 기대와 일치하지 않는 경우를 비유적으로 이르는 말이다.

단어 264. scenic viewpoint

'전망 좋은 곳'을 영어로 무엇이라고 할까? 정답은 'scenic viewpoint'이다. 직역하면 '경관이 좋은 관점'이다. 영어 'scene'은 '장면'이라는 뜻이고 'scenic'은 'scene'의 형용사로 '장면의' 또는 '경관이 좋은'이라는 뜻을 가지고 있다. 'Scenic viewpoint'를 줄여서 'point'라고도 한다. 'point'는 '장소'라는 뜻이다. 전망 좋은 곳은 사진 찍기 좋은 곳이기도 하다. 전망 좋은 곳에 가면 필수적으로 할 일이 인증샷을 찍는 것이다.

회화 265. Tomahawk steak melts in my mouth.

"토마호크스테이크가 입에서 살살 녹는다." 이 문장을 영어로 무엇이라고 할까?

정답은 "Tomahawk steak melts in my mouth."이다.

'토마호크'의 뜻은 우리말로 '북아메리카 인디언들이 사용하는 돌도끼'이다. 토마호크를 닮아 만든 전통적인 스테이크를 '토마호크 스테이크(tomahawk steak)'라고 한다. 토마호크 스테이크의 육질은 최상급이다. 토마호크 스테이크는 영국 황실에서 먹는 스테이크라고 한다.

단어 266. the miracle of the abandoned cave

'폐광의 기적'을 영어로 무엇이라고 할까? 정답은 'the miracle of the abandoned cave'이다. 영어 'abandon'은 '버리다'라는 뜻을 가지고 있고 'abandoned'는 '버려진'이라는 뜻을 가진 과거분사이다. 경기도 광명에 있는 광명동굴은 폐광을 개발해서 만든 동굴로 다양한 볼거리들이 관람객들의 시선을 사로잡기에 충분하다. 삼복 더위에 피서지로 강추한다.

용어 267. Maslow's hierarchy of needs

매슬로의 욕구 구조를 영어로 무엇이라고 할까? 정답은 바로 'Maslow's hierarchy of needs'이다. 매슬로는 인간의 욕구는 크게 다섯 가지로 나뉜다고 보았다. 가장 기본적인 욕구가 생리적 욕구(Physiological Needs)이다. 식욕과 수면욕 등이 대표적인 생리적 욕구이다. 매슬로는 생리적 욕구보다 상위의 욕구가 안전의 욕구(Safety Needs)라고 보았고 안전의 욕구보다 상위의 욕구는 소속과 애정의 욕구(Belonging and Love Needs)라고 보았다. 소속과 애정의 욕구보다 상위의 욕구는 자존의 욕구(Esteem and Status Needs)라고 보았고, 자존의 욕구보다 상위의 욕구이자 가장 최고의 욕구를 자아실현의 욕구(Self Actualization Needs)라고 보았다. 매슬로는 하위의 욕구가 해결되어야만 상위의 욕구로 올라간다고 보았다. 그러나 고흐는 생리적 욕구가 제대로 해결되지 않았지만 자신의 예술혼을 불태운 자아실현의 욕구를 실천한 대표적인 인상파 화가이다.

▲매슬로의 욕구 구조 도표

상위욕구

자아 실현의 욕구
자존의 욕구
소속과 애정의 욕구
안전의 욕구
생리적 욕구

하위욕구

팝송 268. Oh my love for the first time in my life

"오 내 인생의 첫사랑이여."를 영어로 무엇이라고 할까?

정답은 "Oh my love for the first time in my life"이다. 이 노래는 영국 출신의 가수 존 레넌이 부른 〈Oh my love(오 나의 사랑)〉라는 노래에서 첫 부분에 나오는 팝송 가사이다.

잔잔한 음악에 존 레넌의 감미로운 목소리가 결합되어 노래되는 달달한 음악이다. 사랑은 언제 들어도 가슴 설레게 하는 단어다.

Oh my love for the first time in my life.

My eyes are wide open.

오 내 인생의 첫 사랑이여.

나의 두 눈은 넓게 열려요.

단어 269. mondegreen

'mondegreen'을 우리말로 무엇이라고 할까? 몬드그린 (mondegreen)이란 의미를 알 수 없는 외국어의 전부 또는 일부가 의미를 가진 청자의 모어처럼 들리는 현상을 말한다. 예를 들면 팝송 'Put your hands on.'은 우리말의 '북쪽 행성'처럼 들리고 팝송 'All by myself'는 '오빠 만세'처럼 들린다. 개그맨 박세민과 박성호가 이러한 몬드그린을 개그에 적용해 시청자들에게 많은 사랑을 받았다.

영화 명대사 270. Good afternoon, good evening and good night

"Good afternoon, good evening and good night" 이 말을 우리말로 하면 무엇일까? "좋은 오후, 좋은 저녁 그리고 좋은 밤"이다. 1998년에 개봉한 짐 캐리 주연의 영화 가운데 〈트루먼 쇼〉가 있다. 이 영화의 주인공 트루먼은 보험회사 직원이다. 그는 어린 시절 아버지가 익사하신 것을 경험한 후 물에 대해 공포를 느낀다. 그런데 어느 날 돌아가신 줄로 알았던 자신의 아버지를 보게 된다. 그리고 대학 시절 사귀었던 실비아를 만나 그의 주변에 있는 모든 것들은 거짓이라는 사실을 알게 된다. 트루먼은 태어날 때부터 전 세계 사람들의 시선을 한 몸에 받는 TV스타였다. 그가 태어나서 성인이 될 때까지의 모든 과정이 방송되고 있었던 것이다. 그는 뒤늦게 그 사실을 인지하게 된다. 트루먼은 실비아가 피지 섬에 간다는 말을 듣고 아내에게 피지 섬에 가자고 하지만 거절당한다. 결국 그는 혼자서 배를 타고 피지 섬으로 향한다. 방송국에서는 방송을 이어가기 위해 장치들을 이용하여 거센 폭우를 만들어 그의 길을 방해한다. 그러나 트루먼은 포기하지 않는다. 마침내 고요함이 찾아오고 그는 파란 하늘을 본다. 더 나아가려 하는데 더 나아가지지 않는다. 손으로 주변을 만져보니 커튼이었다. 바다조차도 인공적으로 만들어졌던 것이다.

방송국 PD는 그에게 계속 우리와 함께 있어 달라 하지만, 그는 작은 문이 난 통로를 통해 사라지면서 이렇게 말한다. "Good afternoon, good evening and good night" 그는 방송을 통해 세상에 노출된 존재였고 세상 사람들은 카메라라는 문을 통해 그를 지켜보았었다. 영화의 마지막 장면에서 트루먼은 자신이 직접 문을 닫아 버린다. 그는 진실을 알기 이전부터도 보험회사 직원으로 일하면서 사람들에게 위의 인사를 하곤 했었다. 이미 오래 전부터 어렴풋이 자신과 세상에 대해 알고 있었던 것이 아닐까? 이 영화는 보고 있는 나와 보이는 나에 대한 문제를 잘 보여준 멋진 영화이다.

영화 명대사 271. If only

'If only'를 우리말로 무엇이라고 할까? 정답은 '만약 ~라면'이다. 2004년에 개봉한 영화로 〈If only〉가 있다. 'If only'는 "I wish."

와 같은 뜻으로 '내가 ~라면'이라는 뜻이다. "If only I could die instead of "는, "내가 그녀를 대신해서 죽을 수 있다면"이라는 뜻이다.

일 중독 남자 이안은 여자 친구 사만다와 조금씩 멀어지고 말다툼을 한 후 여자 친구가 택시에 탔다. 그런데 여자 친구는 사고로 이안이 보는 앞에서 죽는다. 이안은 여자 친구의 죽음 앞에 몹시 괴로워하며 "좀 더 여자 친구에게 잘해줄 걸."이라고 생각한다. 그러자 놀랍게도 상황은 사만다가 죽기 하루 전으로 거슬러 올라간다. 그는 여자 친구 사만다에게 "나에게 사랑을 알게 해줘서 고마워."라고 이야기하고 택시를 타고 사만다를 대신해서 죽는다. 혼자 남겨진 사만다는 괴로워하며 "자신이 좀 더 이안에게 잘할 걸."이라고 생각한다. 사랑의 의미에 대해 생각하게 하는 멋진 영화이다.

회화 272. You know better than that.

"알 만한 사람이 왜 그러십니까?"를 영어로 무엇이라고 할까?

정답은 "You know better than that."이다. 직역하면 "너는 저것보다 더 잘 안다."이다. 즉, "너는 그 이상 알 만큼 아는데 왜 그러느냐?"라는 의미이다. 재미있는 것은 우리말 문장은 의문문의 형태인데 반하여 영어 문장은 평서문의 형태로 되어 있다는 것이다.

☕ **브레이크 타임**

> ### '장어구이'를 영어로 무엇이라고 할까?
>
> 정답은 'broiled(grilled) eel'이다. 영어 'broil'은 '굽는다'는 뜻을 가지고 있고 영어 'grill'은 '석쇠'라는 뜻과 '석쇠에 굽다'라는 뜻을 가지고 있다. 장어의 효능은 다양하다. 장어는 대표적인 스태미너 식품으로 불포화 지방산, 비타민, 마그네슘 등을 함유하고 있고 암 예방에도 효과가 있으며 눈의 기능 강화에도 도움이 된다.

관용적 표현 273. South Korea is a dog eat dog business environment.

"한국의 비즈니스 환경은 무한 경쟁 상태이다"를 영어로 무엇이라고 할까? 정답은 "South Korea is a dog eat dog business environment."이다. 직역하면 "남한은 개가 개를 무는 사업 환경입니다"이다. 'dog eat dog'은 개끼리 서로 무는 상태 즉, 무한 경쟁 상태를 의미한다.

단어 274. three-storied stone pagoda

'삼층석탑'을 영어로 무엇이라고 할까? 정답은 'three-storied

stone pagoda'이다. 영어 'story'는 '이야기'라는 뜻 이외에 '층'이라는 명사적 의미도 가지고 있고 '~층을 가지다'라는 동사적 의미도 가지고 있다. 'pagoda'는 '탑'이라는 뜻을 가지고 있다. 석탑을 영어로 하면 'stone pagoda'이다. 종로에 있는 파고다 공원도 우리말로 하면 탑골 공원이다. 이곳에 뼈 모양의 탑이 있어 탑골공원(塔骨公園)이라고 불린다.

속담 275. Finders keepers, losers weepers.

"줍는 사람이 임자다."를 영어로 무엇이라고 할까? 정답은 "Finders keepers, losers weepers."이다. 직역하면 "찾는 사람들이 지키는 사람들이고 잃는 사람들이 우는 사람들이다."이다. 줍는 사람이 임자라는 말 대신에 줍는 사람이 장땡이라는 표현도 있다. 장땡은 화투에서 열끗짜리 두 장을 말하기도 하지만 가장 좋은 수 또는 최고를 속되게 부르는 말이기도 하다. '끝'과 '끗'의 차이를 이야기하면 '끝'은 '마지막'이라는 뜻이고 '끗'은 '서술어의 어미'를 뜻한다. "집에서 쉬는 게 장땡이다."라는 말은 집에서 쉬는 게 최고라는 뜻이다. 영단어 'weep'은 '엉엉 울다'라는 뜻을 가지고 있다.

속담 276. A woman is a weathercock.

"여자의 마음은 갈대와 같다."를 영어로 무엇이라고 할까? 정답은 "A woman is a weathercock."이다. 직역하면 "여자는 풍향기이다."이다. 풍향기란 바람의 방향을 측정하는 기계이다. 영어 'weathercock'는 직역하면 '날씨수탉'이다. 풍향기의 윗부분에 수탉의 모양이 있기 때문에 풍향기를 weathercock이라고 한다. 갈대가 바람에 따라 움직이듯이 풍향기도 바람에 따라 움직인다. "여자의 마음은 갈대와 같다."를 "A woman's mind is like a reed."라고 영작하면 콩글리시이다.

회화 277. Don't find another guy.

"고무신 거꾸로 신지 마."를 영어로 무엇이라고 할까? 정답은 "Don't find another guy."이다. 직역하면 "다른 남자를 찾지 마."이다. "고무신 거꾸로 신지 마."를 "Don't wear your rubber shoes upside down."이라고 쓰면 콩글리시이다. 보통 변심한 애인을 두고 고무신 거꾸로 신었다고 말한다. 이 표현의 유래는 남편이나 애인이 있는 여자가 다른 남자와 있다가 남편이나 애인에게 들켰을 때 급히 고무신을 거꾸로 신은 채로 도망쳤다는 데서 유래했다는 설이 있다. 고무신은 신축성이 좋아서 거꾸로 신을 수도 있어서 이 말이 나왔다는 말도 있다. "나의 여자 친구가 고무신 거꾸로 신었다."를 영어로 쓰면 "My girlfriend found another guy."이다. 직역하면 "나의 여자 친구가 또 다른 남자를 찾았다."이다. 보통 남자와 여자가 사귀다가 남자가 군대에 가있을 때 여자 친구가 고무신을 거꾸로 신는 경우가 많다.

😁 **군대에 간 남자친구를 둔 여자의 마음**

1. *입대 전: 오직 당신만을 위해서라면 30개월이 아니라 30년이라도 기다리겠어요.*

2. *훈련병: 미치도록 보고파요. 퇴소식은 언제죠?*

3. *이병: 꿈 속에서 가끔 당신을 보곤 해요.*

4. *일병: 바쁘다 보니 요즘 답장이 늦어져요. 이해하죠?*

5. *상병: 미안해요. 부모님 권유로 할 수 없이 선을 봤어요. 하지만 염려 마세요.*

6. *병장: 그 사람과 데이트를 한 번 했어요.*

7. *제대 전: 죄송해요. 그이와 약혼했어요.*

8. *제대 후: 저 그 남자와 결혼했어요. 인생이 다 그런 것 아니겠어요?*

'곰신녀'라는 말도 있다. '고무신을 신은 여자'라는 뜻으로 남자친구가 군대에 있어도 마음이 변하지 않는 여자를 말한다. 내가 군대에 있을 때 여자 친구로부터 제대할 때까지 매일 편지를 한 통씩 받은 고참도 있었다. 시야에서 멀어져도 사랑의 마음이 변하지 않는다는 것은 쉬운 일이 아니다.

회화 278. When exam season comes around, I wish war broke out.

"시험 때가 다가오면 전쟁이 일어났으면 하고 바란 적이 있다." 이 문장을 영어로 무엇이라고 할까? 정답은 "When exam season comes around, I wish war broke out."이다. 영어 문법에서 'I wish + 가정법 시제'는 "내가 ～라면 좋겠는데"의 뜻이다. 영어 'break out'은 '발발하다'의 뜻을 가지고 있다.

시험은 필요악이다. 시험이 없으면 지식이 정리가 되지 않는다. 주기도문에는 "우리를 시험에 들지 말게 하옵시며"라고 나오지만 인생은 시험의 연속이다. 각종 자격증 시험, 공무원 시험, 대해 입학 시험 등이 그 예이다. 그러나 시험이 있기 때문에 우리는 공부를 한다.

회화 279. He got a pink slip.

"He got a pink slip."의 뜻은 우리말로 무엇일까? "그는 해고당했다."이다. 직역하면 "그는 분홍색 종이를 받았다."이다. 이 말은 미국의 대공황 시기에 사장이 직원들에게 월급 봉투를 나누어줄 때 봉투 안에 분홍색 종이에 쓰인 해고 통지서도 같이 넣은 데서 유래했다.

분홍색 종이를 뜻하는 'pink slip'은 해고를 의미한다.

"그는 해고당했다."라는 또 다른 표현으로 "He got the ax."가 있다. 직역하면 "그는 도끼에 맞았다."라는 뜻이다. 도끼에 맞는다는 것은 해고를 의미한다. "그는 해고당했어요."의 가장 일반적인 표현으로 "He was fired."가 있다. 영어 'fire'는 '화재', '발사하다'라는 뜻 이외에 '해고하다'라는 뜻도 가지고 있다.

회화 280. Which daughter are you?

"몇째 딸입니까?"를 영어로 무엇이라고 할까? 정답은 "Which daughter are you?"이다. 직역하면 "당신은 어느 딸입니까?"이다.

대답으로 "나는 셋째 딸입니다"라고 영작하려면 "I'm the third daughter"라고 하면 된다. "Which son are you?"라고 하면 "당신은 몇째 아들입니까?"가 된다. 예전에 TV에 〈딸부자 집〉과

〈소문난 칠 공주〉라는 드라마가 상영된 적이 있다. 딸이 많은 집에서 쓸 수 있는 영어 표현이다. 내 아내는 얼굴도 안 보고 데려간다는 셋째 딸이다. 결혼해서 지금까지 알콩달콩 잘 살고 있다.

회화 281. I wish I were rolling in money.

"돈벼락을 맞아 봤으면."을 영어로 무엇이라고 할까?

정답은 "I wish I were rolling in money."이다. 직역하면 "내가 돈에서 구르면 좋겠는데."이다. '돈벼락'은 영어로 'sudden wealth'라고 한다. 직역하면 '갑작스러운 부'이다. 그럼 "돈벼락을 맞아 봤으면"을 의미하는 다른 표현들에 대해 알아보자.

1) *I wish I were in the money.*
   번역: 돈 속에 있으면 좋겠다.
2) *I wish I'd come into a big windfall.*
   번역: 뜻밖의 횡재를 우연히 마주치면 좋겠다.

영어 windfall은 '바람에 떨어진 과실(낙과)'이라는 뜻 외에 '우발적인 소득', '뜻밖의 횡재'라는 뜻도 있다.

3) I wish I hit the jackpot.

잭팟을 터뜨리면 좋겠다.

'jackpot'은 '거액의 상금', '대박'을 의미한다. 영어 문법에서 'I wish' 다음에는 가정법 시제가 온다. 그래서 "나는 ~하면 좋겠는데."라는 문장을 영작할 때에는 반드시 'I wish' 다음에 'were', 'would', '일반 동사의 과거형'이 나와야 한다.

돈벼락을 패러디한 음식점 중에 '돈뼈락'이 있다. '돈(豚)'은 '돼지'를, '뼈'는 '뼈'를, '락'은 '떨어지다'라는 뜻이다. 다시 말해 '돈뼈락'은 '돼지 뼈가 떨어진다'라는 의미이다. 돈벼락이든 돈뼈락이든 둘 다 좋은 것임에는 틀림없다.

☕ **브레이크 타임**

> **'있어보임'을 의미하는 신조어는 무엇이라고 할까?**
>
> 정답은 '있어빌리티'이다. '있어빌리티'란 '있어'와 명사형 어미 '-bility'가 만나서 만들어진 신조어로 있어보임 정도로 번역된다. '있어빌리티'란 큰돈을 들이지 않고 나를 과시하는 것을 말한다. 비

싼 음식이나 커피를 1~2천 원의 비용으로 멋지게 만드는 것이 바로 있어빌리티이다. 불황이 깊어지면서 사람들은 최소의 비용으로 최고의 효과를 내는 것을 목표로 한다. 예전에는 음식을 배고픔을 잊기 위해 먹었다면 요즘에는 시각적인 효과도 강조하는 시대이다. 적은 돈으로 큰 효과를 만족시키는 '있어빌리티.' 우리말과 영어의 절묘한 만남이다.

단어 282. obesity

'비만'을 영어로 무엇이라고 할까? 정답은 'obesity'이다. 비만을 뜻하는 또 다른 단어로 'overweight'가 있다. 영어 철자 o로 시작하는 '비만'이라는 단어를 영어로 쓰라는 문제를 낸 적이 있다. 한 학생이 쓴 답은 'over kg'이었다. 도대체 몇 kg가 넘어야 비만인 것일까?

비만이라는 단어가 나와서 난센스 퀴즈가 나간다.

😁 비의 매니저가 하는 일은? 비만 관리.

회화 283. Chances are good that you will love her.

"당신은 그녀를 사랑할 가능성이 높다."를 영어로 무엇이라고 할까?

정답은 "Chances are good that you will love her."이다. "~할 가능성이 높다"를 영어로 "Chances are good that~."이라고 한다. 영어 단어 'chance'는 '기회'라는 뜻만이 아니라 '가능성'이라는 뜻도 가지고 있다. 직역하면 '~할 가능성이 좋다'이다. '~할 가능성이 희박하다'는 영어로 "Chances are scarce that~."이다.

CF 284. A Bed is not just furniture, but science.

"침대는 가구가 아닙니다. 과학입니다"를 영어로 무엇이라고 할까?

정답은 "A Bed is not just furniture, but science."이다. furniture는 집합적 물질명사이기 때문에 관사를 붙이지 않는다. 이 CF는 ACE 침대의 광고 카피 라이팅이다. 에이스 침대는 오랫동안 변함없이 이 광고 카피 라이팅을 고수해 왔다. 난센스 퀴즈 나간다.

Q: 다음 중 가구가 아닌 것은?

① 침대 ② 냉장고 ③ 식탁 ④ 소파

정답은 ① 침대이다. 침대는 가구가 아니라 과학이기 때문이다.

CF 285. Man is in the hands of a woman.

"남자는 여자 하기 나름이에요."를 영어로 무엇이라고 할까?

정답은 "Man is in the hands of a woman."이다. 예전에 TV CF에 나왔던 카피 라이팅이다. 역사적인 인물로 온달과 평강공주가 있다. 평강공주는 아주 가난한 온달과 결혼하여 온달을 높은 위치로 올려놓은 인물이다. 이 CF는 역사 속의 온달과 평강공주를 현대적인 이야기 속으로 끌어들여 만든 카피 라이팅이다.

노래 286. The train bound for the south

남행열차는 영어로 'the train bound for the South'이다. 영어 'bound for'는 '~행'이라는 뜻이다. 가수 김수희의 노래 중에 〈남행열차〉가 있다.

비 내리는 호남선 남행열차에
흔들리는 차창 너머로
빗물이 흐르고 내 눈물도 흐르고
잃어버린 첫사랑도 흐르네.

2007년 한국인의 애창가요 1위에 뽑힌 노래는 무엇일까? 바로 가수 김수희의 〈남행열차〉이다. 애청가요는 듣고 싶은 노래이고 애창가요란 부르고 싶은 노래이다. 슬픈 노랫말을 유쾌한 멜로디로 표현한 것이 이 노래가 국민들의 애창곡이 된 이유이다. 빗물과 눈물과 첫사랑이 흐른다는 가사가 인상적이다.

관용적 표현 287. He has milk on his chin.

"그는 아직 풋내기이다."를 영어로 무엇이라고 할까? 정답은 "He has milk on his chin."이다. 직역하면 "그는 그의 턱 위에 우유가 있다."이다. 턱 위에 우유가 있다는 것은 아직 어린 아이의 티가 남아 있다는 것을 의미한다. 한자성어 중에 '口尙乳臭(구상유취)'가 있다. "입에서 아직도 젖 냄새가 난다."라는 뜻이다. 입에서 아직도 젖 냄새가 난다는 것은 유치하고 풋내기라는 뜻이다.

그것은 나에게 듣기 싫은 소리이다.

"It's a flea in my ear." 직역하면 "그것은 나의 귓속의 벼룩이다."이다. 귓속에 벼룩이 있으면 기분이 몹시 안 좋다. 다시 말해서 귓속에 벼룩이 있는 것처럼 듣기 싫은 소리를 영어로 'a flea in one's ear'라고 한다.

나는 할 말을 잃었다.

"I was tongue-tied." 직역하면 "나는 혀가 묶였다."이다.

혀가 묶여 있으면 말을 하지 못한다. "나는 할 말을 잃었다."를 "I lost a language to say."라고 말하면 콩글리시이다.

관용적 표현 288. You drink like a fish.

"너는 술을 엄청 잘 마신다."를 영어로 무엇이라고 할까? 정답은 "You drink like a fish."이다. 직역하면 "너는 물고기처럼 마신다."이다. 물고기는 물 속에서 살기 때문에 엄청나게 많이 물을 먹는다. 그래서 사람이 물고기처럼 마신다는 것은 술을 엄청나게 잘 마신다는 뜻이다.

시의 신선이라고 평가받는 이백은 그의 시 「장진주(將進酒)」에서 "한 번 술을 마시면 모름지기 삼백 잔은 마셔야 하네."라고 말했다. 엄청난 과장이 섞여 있지만 이 정도로 술을 마시는 사람은 물고기도 울고 갈 것이다.

단어 289. a secret royal inspector

'암행어사'를 영어로 무엇이라고 할까? 정답은 'a secret royal inspector'이다. 직역하면 '비밀스러운 왕족의 검열자'이다. 암행어사는 조선시대에 왕명을 받아서 지방에 몰래 파견되어 지방관을 감찰하는 관리자를 의미하는 말로 '직지사'라고도 한다. '춘향전'에서도 암행어사가 등장한다. 남원 고을에 퇴기(물러난 기생)의 딸 춘향과 양반 댁 자제 이몽룡은 서로 사랑하고 있는 사이다. 이몽룡은 아버지를 따라 한양으로 올라간다. 남원 고을에 새로 수령으로 부임한 변학도는 춘향에게 수청을 들라 한다. 춘향은 두 지아비를 섬길 수 없다고 이야기하고 매를 맞고 옥에 갇힌다. 이몽룡은 과거에 급제한 후 거지 복장으로 춘향을 찾아간다. 그리고 변학도의 생일에 관아를 찾아와서 먹을 것을 좀 달라고 한다. 관리들은 이몽룡에게 시를 지으라고 한다. 이몽룡은 즉석에서 시를 짓고 떠난다.

金樽美酒千人血(금준미주천인혈)

금술동이에 있는 술은 만백성의 피요.

玉盤佳肴萬姓膏(옥반가효만성고)

옥쟁반에 있는 안주는 만백성의 기름이다.

燭淚落時民淚落(촉루락시민루락)

초의 눈물 떨어질 때 백성의 눈물 떨어지고

歌聲高處怨聲高(가성고처원성고)

노랫소리 높은 곳에 원망 소리 높구나.

이 시를 읽은 관리들은 서로 다투어 도망가고 얼마 후 "암행어사 출두요."라는 소리에 변학도는 잡혀가고 이몽룡과 춘향은 재회한다. 이렇게 암행어사는 백성들을 괴롭히는 수령을 감찰하기 위해 비밀스럽게 파견된 관리이다. 영어 'royal'은 '왕족의'라는 뜻이다. 영어 'loyal'은 '충성스러운'이라는 뜻이니 두 단어를 혼동하지 마라.

☕ 브레이크 타임

공상과학 소설을 영어로 무엇이라고 할까?

정답은 Sci fi이다. SF는 미래의 배경, 미래의 과학과 기술, 우주여행, 시간여행, 초광속행, 평행우주, 외계 생명체 등의 상상적 내용을 담은 픽션 쟝르(genre)이다. 〈스타 워즈〉, 〈로보캅〉, 〈토탈 리콜〉 등이 대표적인 SF 영화다. SF는 한국과 일본에서만 쓰는 말이다.

격언 290. The wisest mind has something yet to learn.

"가장 지혜로운 마음은 계속 무언가를 배울 여유를 가진다."를 영어로 무엇이라고 할까? 정답은 바로 "The wisest mind has something yet to learn."이다. 끊임없이 무언가를 배운다는 것은 지혜로운 마음을 가지고 있음을 뜻한다. 우리는 무지의 상태로 이 세상에 태어났다. 사르트르의 말을 빌리면 우리는 '이 세상에 던져진 존재'이다. 무언가를 배우지 않고는 이 세상을 살아가기가 쉽지 않다. 배운다는 것은 세상을 살아가는 방법을 계속 탐구하는 것이다.

문학작품 291. Beauty and the beast

'미녀와 야수'를 영어로 무엇이라고 할까? 정답은 'Beauty and the beast'이다. 영어 'beauty'는 '아름다움'이라는 뜻도 가지고 있지만 '미인'이라는 뜻도 가지고 있다. 영어 beauty의 형용사는 beautiful이다. 여기서 난센스 퀴즈 나간다. '티 없이 아름다운'은 영어로 무엇일까? 정답은 'beauiful'이다. beautiful에서 't'가 빠졌으니 't(티) 없이 아름다운'이다. 영어로 미녀는 'a beauty'이고 야수는 'a beast'인데 두 단어가 대구를 이루면 관사를 생략하는 원칙이 있다. 저주에 걸려 야수로 변한 왕자는 장미꽃잎이 다 떨어지기 전에 주문을 풀어야만 하는 운명을 지니게 된다. 미녀의 아버지는 야수가 사는 성에 갔다가 장미를 꺾으려고 하다가 감옥에 갇히게 되고 이 사실을 알게 된 딸 벨은 아버지 대신에 감옥에 갇히게 된다. 그녀는 밖으로 도망가다가 길에서 늑대 떼들을 만나고 야수는 그녀를 구해준다. 그 후로 그녀와 야수는 서로 마음의 문을 연다. 야수가 총에 맞자 그녀는 눈물을 흘리면서 야수에게 키스를 한다. 야수는 마법에서 풀려 멋진 왕자로 변한다. 그 후 두 사람은 행복하게 살았다(happy ending).

☕ 브레이크 타임

> **"馬馬虎虎"(마마후후)**
>
> 2010년에 지인들과 대만에 간 적이 있다. 밤에 대만 타이페이의 거리를 걷고 있는데 갑자기 한 할아버지가 나에게 "韓國的情況怎麼樣?(항궈더 징쾅 점머양)?"이라고 물어보는 것이었다. 나는 1초의 망설임도 없이 "馬馬虎虎"(마마후후)라고 대답했다. 그 할아버지는 나에게 "한국의 상황이 어때요?"라고 물어보신 것이었고 나는 "그저 그래요." 라고 대답했다. 중국어 '馬馬虎虎(마마후후)'는 영어의 'so so'와 같다.

명언 292. This too shall pass.

"이 또한 지나가리라."를 영어로 무엇이라고 할까? 정답은 "This too shall pass."이다. 다윗왕의 유명한 이야기가 있다.

어느 날 다윗 왕은 보석 세공인을 불러 자신을 기리는 글귀를 아름다운 반지에 새겨 넣으라고 명령했다. 아무리 생각해도 해답을 찾을 수 없었던 세공인은 지혜롭기로 소문난 솔로몬 왕자를 찾았다. 솔로몬 왕자는 보석세공인에게 반지에 이렇게 글귀를 새겨 넣으라고 했다. "이 또한 곧 지나가리라(This too shall pass)." 영광이란 영원하지 않고 절망 또한 영원하지 않다. 세공인이 이 글귀를 반지에 새겨 왕에게 바쳤고 왕은 크게 기뻐했다. 현실이 힘들다고 슬퍼하지 말고 열심히 노력하면 좋은 결과들이 있을 것이라고 확신한다.

단어 293. sonar

'sonar'는 무슨 글자의 약자일까? 정답은 'sound navigation ranging(소리 항해와 항속 거리 측정)'이다. sonar는 우리말로 음파탐지기라고 한다. 음파탐지기란 음향학적인 방법으로 수중의 물체를 탐지하고 거리와 방향을 결정하는 장치이다. 음파탐지기는 원래 빙산을 탐지하는 수단으로서 처음 제안되었다가 1차 대전 중 잠수함전의 위협에 의해 점차 발전되었다.

회화 294. What's your blood type?

"혈액형이 뭐예요?"를 영어로 무엇이라고 할까? 정답은 "What's your blood type?"이다. 혈액형을 영어로 blood type이라고 한다.

"O형이에요."를 영어로 하면 "I'm type O."라고 하면 된다.

혈액형별 바퀴벌레 잡는 방법이라고 한다. 이건 웃자고 하는 이야기니 "나는 안 그런데." 하고 너무 심각하게 받아들이지 말기를.

1) *A형: 겁이 많은 A형은 바퀴 약을 사와 집안에 깔고 온통 바퀴 벌레 생각만 한다. 다음 날 바퀴벌레가 죽은 것을 확인하 고 난 후에 비로소 평온한 일상으로 돌아간다.*

2) *B형: 잡히는 대로 바퀴벌레를 내려치지만 계속해서 허탕이다. 바퀴벌레가 비틀거리며 가는 것을 지켜보다가 호기심 발 동한다. 그래서 바퀴벌레를 가지고 논다. 바퀴벌레는 한 방에 죽지 못한 것을 원망하다가 최후를 맞이한다.*

3) *AB형: 침착한 AB형은 일단 바퀴벌레를 멀리서 관찰한다. 바퀴벌레는 자기를 보지 못했다고 생각하지만 천만의 말 씀이다. 용의주도한 AB형은 바퀴벌레 몰래 조용히 스프 레이를 가져와서 바퀴벌레에게 뿌린다. AB형은 죽은 바 퀴벌레를 쓸어 담으며 이렇게 말한다.*
"아~ 넌 무서웠당."

4) *O형: 주위의 물건과 몸까지 던지지만 바퀴벌레는 잽싸게 도망 간다. 한 방을 좋아하는 O형은 분노한다. 집안의 가구들*

이 모두 바퀴벌레 때문에 훼손된다. O형의 지독한 끈질 김에 천하의 바퀴벌레도 백기를 든다. 코너에 몰린 바퀴 벌레는 찍소리도 못하고 한 방에 간다.

참고로 내 혈액형은 O형이다. 나도 한 방을 좋아한다.

☕ 브레이크 타임

검산 중이예요.

한 학생이 시험을 보고 있었다. 그 학생은 연필을 굴려서 정답을 썼다. 다시 그 학생이 연필을 다시 굴렸다. 선생님은 그 학생에게 왜 연필을 다시 굴리느냐고 물으니 그 학생이 이렇게 대답했다. "검산 중 이예요."

용어 295. poetic license

시적 허용이란 시에서 문법적으로 표현이 틀렸다고 할지라도 시적인 효과를 위해 이를 허용하는 것을 말한다. 그러면 시적 허용을 영어로 무엇이라고 할까? 정답은 poetic license이다. poetic permission이 아니다. poetic license를 직역하면 '시의 면허'이다. 운전만 면허가 있는 것이 아니라 시도 면허가 있다. 국가고시만 면허를 따는 것이 아니라 시도 면허를 딴다.

『가을에』

정한모

맑은 햇빛으로 반짝반짝 물들으며
가볍게 가을을 날으고 있는
나뭇잎

'날으고'는 문법적으로 잘못된 표현이다. '날다'라는 동사에 연결어미 '고'가 붙으면 '날고'가 맞다. 그러나 시인은 시적인 운율을 형성하기 위해 '날고 있는'이라고 쓰지 않고 '날으고 있는'이라고 시를 썼다. 이게 바로 시적 허용이다.

　여러분도 시를 쓰실 때 시의 면허를 따셔서 시적 허용이 있는 멋진 시를 써보시기 바랍니다.

사자성어 296. One nail drives out another.

'以熱治熱(이열치열)'이란 열로써 열을 다스린다는 뜻이다. '이열치열'을 영어로 무엇이라고 할까? "One nail drives out another."이다. 직역하면 "하나의 못이 또 다른 못을 빼낸다."이다. 이 문장 끝에 있는 영단어 'another' 다음에는 'nail'이 생략되었다. 영어 'drive'는 '운전하다'라는 뜻만 있는 게 아니라 '몰다'라는 뜻도 있다. '이열치열'을 "with heat, govern heat"라고 쓰면 콩글리시이다. 재미있는 것은 한국인들은 삼복 더위에 뜨거운 삼계탕을 먹으면서 "시원하다"라고 한다는 것이다. 이것을 외국인들은 이해하지 못한다. "왜 뜨거운 음식을 먹는데 시원하다고 하지?"라고 그들은 생각한다. 이게 바로 한국인만이 느끼는 공통된 감정이다.

☕ 브레이크 타임

"그는 거의 죽을 뻔했다."

정답은 "He came near dying."이다. 직역하면 "그는 죽음 가까이에 왔다."이다. 죽음 가까이에 왔다는 것은 거의 죽을 뻔했다는 의미이다.

시 297. If winter comes, can spring be far away?

"겨울이 오면, 봄이 멀지 않으리."를 영어로 무엇이라고 할까? 정답은 "If winter comes, can spring be far away?"이다. 직역하면 "겨울이 오면, 봄이 멀리 떨어져 있을까요?"이다. 영국의 낭만주의 시인 셸리(Shelley)의 「서풍에 부치는 노래(Ode to a west wind)」에 나오는 말이다. '서풍'은 시인에게 시를 쓰게 하는 상상력을 의미한다. 아무리 힘든 시기도 조금만 버티면 반드시 지나가는 법이다.

격언 298. Don't put all your eggs in one basket.

"계란을 한 바구니에 담지 마라."를 영어로 무엇이라고 할까? 정답은 "Don't put all your eggs in one basket."이다. 계란을 한 바구니에 담으면 자칫 잘못하면 계란이 깨질 수가 있다. 그럼 이 표현의 의미는 무엇일까? 투자를 할 때에는 한 곳에만 투자하지 말고 분산투자하라는 뜻이다. 투자를 할 때에는 부동산, 주식, 토지 등 여러 곳에 돈을 분산해서 투자하는 것이 좋다.

약어 299. KOSPI

뉴스에서 주식 이야기할 때 등장하는 약어가 코스피이다. 그럼 코스피(KOSPI)란 무엇일까? 코스피란 증권시장에 상장된 상장 기업의 주식 변동을 기준 시점과 비교 하여 작성한 지표를 의미한다. 그럼 코스피(KOSPI)는 무슨 단어의 약자일까? 코스피(KOSPI)는 Korea Composite Stock Price Index의 약자이다. 한국 종합 주가 지수라는 뜻이다.

약어 300. KOSDAQ

코스닥(KOSDAQ)이란 무슨 글자의 약자일까? 코스닥(KOSDAQ)은 Korea Securities Dealers Automated Quotation의 약자이다. 코스닥(KOSDAQ)은 한국 증권업협회 주식시세 자동 통보 체계 국내 장외 등록 주식을 사고 파는 시장 한국거래소에 상장된 중소기업과 벤처기업의 주식이 거래되는 시장을 의미한다. 참고로 나스닥(NASDAQ)은 National Association of Securities Dealers Automated Quotation의 약자로 전미 증권업 협회 주식시세 자동 통보 체계를 의미한다.

회화 301. Have you had enough?

"많이 드셨어요?"를 영어로 하면 무엇일까? 정답은 "Have you had enough?"이다. 이 표현은 공손한 표현이다. 만약 "많이 드셨어요?"를 영어로 "Did you eat a lot?"이라고 표현하면 절대로 안 된다. 이 표현은 우리말로 하면 "밥 많이 먹었어?"라는 뜻이다. 나이가 많은 사람이 나이 어린 사람에게 말할 때 쓰는 표현으로 이해하면 좋다.

회화 302. I am 60 going on 20.

"몸은 60세지만 마음은 20세야."와 유사한 표현을 영어로 무엇이라고 할까? 정답은 "I am 60 going on 20."이다. 직역하면 "나는 20으로 가고 있는 60이다."이다. 누구나 몸은 60대여도 마음은 이팔청춘이다. 몸은 늙어도 마음까지 늙는 것은 아니다.

"몸은 40대지만 마음은 20대야."를 "My body is forties but my

기적의 1분영어

제5장

mind is twenties."라고 쓰면 콩글리시이다.

회화 303. We compare life to a voyage.

"우리는 인생을 항해에 비유한다."를 영어로 무엇이라고 할까? 정답은 "We compare life to a voyage."이다. 영어에서 'compare A to B'는 'A를 B에 비유하다'라는 뜻을 가지고 있다. 'compare A with B'는 'A를 B와 비교하다'라는 뜻이다. 비유란 표현하려는 자신이 표현하려고 하는 것을 다른 사물에 빗대어 표현하는 것을 말한다.

배를 타고 가다 보면 잔잔한 파도만 만나는 것이 아니라 거센 파도도 만날 수 있다. 변화하는 바람에 맞서서 언제 닻을 올리고 내려야 할지가 중요한 것처럼 인생도 힘든 상황을 만날 때 언제 어떤 선택을 할지가 매우 중요하다. 그래서 인생을 항해에 비유하는 것이다. 비교는 둘 이상의 사물을 가지고 유사점과 차이점을 찾는 것을 말한다. 오토바이와 자전거를 비교하면 둘 다 땅 위에서 가고 두 개의 바퀴로 움직이는 데 반하여 오토바이는 연료를 필요로 하고 자전거는 연료를 필요로 하지 않는다.

회화 304. What is Jeju Island famous for?

"제주도는 무엇으로 유명한가?"를 영어로 무엇이라고 할까? 정답은 "What is Jeju Island famous for?"이다. 영어에서 'be famous for'는 '~로 유명하다'라는 뜻이다. 제주도를 한자로 쓰면 '제주도(濟州島)'이다. 제주도는 제대로 만들어져서 모여 살 만한 섬이라는 뜻으로 해석해도 틀린 말이 아닐 정도로 제대로 이루어진 섬이다. 제주도는 이국적인 풍광으로 유명하고 세계 7대 자연경관으로 선정된 곳이다. 제주도는 삼다도(三多島)라고도 한다. 돌과 바람과 여자가 많은 섬이라는 뜻이다. 한국의 노래 〈삼다도 소식〉은 이렇게 시작된다.

삼다도라 제주에는 아가씨도 많은데
바닷물에 씻은 살결 옥같이 귀엽구나.

제주도하면 가장 먼저 떠오르는 것이 돌하르방이다. '하르방'은 할아버지의 제주도 방언이다. 그래서 돌하르방은 '돌로 만든 할아버지'라는 뜻이다. 돌하르방은 제주도에서 마을을 지키는 수호신인 장승의 역할을 했다. 그런데 장승들은 신앙적인 기능이 강한 반면 돌하르방은 읍성을 지키는 수호신의 역할을 했다고 한다. 돌하르방에 구멍이

뚫린 것은 제주도의 땅이 현무암으로 되어있기 때문이다. 제주도는 화산으로 이루어진 섬이어서 토질이 현무암(玄武巖, basalt)이다. 제주도는 돌하르방 이외에도 한라산, 감귤 등 유명한 것이 너무 많은 매력적인 섬이다.

단어 305. The haves and the have-nots

가진 자와 못 가진 자를 영어로 무엇이라고 할까? 정답은 'The haves and the have-nots'이다. 직역하면 '가진 사람들과 못 가진 사람들'이다. 가진 자는 맨션에 살고 못 가진 자는 맨손에 산다. 가진 자는 사우나에서 땀을 빼고 못 가진 자는 사우디에서 땀을 뺀다. 가진 자의 지갑에는 회원권이 들어있고 못 가진 자의 지갑에는 회수권이 들어있다. 가진 자의 친구는 실업가이고 못 가진 자의 친구는 실업자이다. 가진 자는 소고기 반찬을 먹고 못 가진 자는 소고기 라면을 먹는다.

용어 306. frame novel

'액자소설'을 영어로 무엇이라고 할까? 정답은 'frame novel'이다. 영어 'frame'은 '틀'이라는 뜻이다. 액자소설은 쉽게 말하면 이야기

속의 이야기이다. 액자 안에 그림이나 사진이 전시되어 있는 것처럼 바깥 이야기에서 시작되어 속 이야기를 거쳐 다시 바깥 이야기로 끝나는 것이 액자소설의 구조이다. 여기에서 소설 밖의 이야기를 '外話(외화)'라고 하고 소설 내부의 이야기를 '內話(내화)'라고 한다. 한국의 소설가 김동인의 〈광화사〉와 〈광염소나타〉 등이 대표적인 액자소설이다.

회화 307. What a small world!

"세상 참 좁네요."를 영어로 무엇이라고 할까? 정답은 "What a small world!"이다. 직역하면 "작은 세상이다."이다. 몇 년 전 지인들과 중국 청도를 여행하고 있었다. 야시장에서 아주 친한 친구를 만났다. 한국도 아닌 이국에서 약속도 없이 친구나 지인을 만났을 때 이 표현을 쓸 수 있다.

ex) What a small world! I can't believe we are both on a vacation in Italy at the same time!
세상 참 좁구나. 우리가 같은 시간에 이탈리아로 휴가를 오다니 믿겨지지 않구나.

노래 308. It must have been love.

"그것은 사랑이었음에 틀림없다."를 영어로 무엇이라고 할까? 정답은 "It must have been love."이다. 영어 문법에서 'must have p.p(과거분사)'는 '~였(했)음에 틀림없다'라고 해석하고 과거 사실에 대한 확실한 추측을 의미하는 표현이다. 팝송 〈It must have been love.〉는 1990년도 빌보드 싱글 차트 1위에 2주 동안 올랐다. 록시트 (Roxette)의 노래이다.

It must have been love, but it's over now.
분명 사랑이었지만 이젠 끝났어요.

팝송 "It must have been love."는 우리말로 '머서빈럽'으로 들린다. 5개의 단어를 전부 발음하면 복잡해서 'It(잇)'은 발음되지 않고 'must have been'은 '머스트 해브 빈'이 아니라 '머서빈'으로 발음되고 'love'는 '럽'으로 발음된다.

드라마 309. Are you sick? I'm also sick.

"아프냐? 나도 아프다." 이 문장을 영어로 무엇이라고 할까? 정답은 "Are you sick? I'm also sick."이다. 2003년 MBC에서 퓨전 사극 〈다모〉라는 드라마가 있었다. 다모(茶母)란 조선시대에 관아에서 차와 술을 대접하는 일을 맡아 하던 관비를 지칭하는 말이다. 이 드라마의 명대사는 "아프냐. 나도 아프다"였다. 이 드라마에서 천한 신분으로 격구에 참여했다는 죄로 채옥(하지원 분)은 어깨를 베인다. 윤(이서진 분)이 그녀의 상처를 보듬으면서 말한 대사이다. 두 사람은 신분의 차이를 넘어 사랑을 한다. 채옥은 윤에게 저를 사랑하면 당신의 꿈은 물거품이 될 거라고 이야기하자 윤은 채옥에게 너를 희생시키면서까지 내 꿈을 이루고 싶은 마음이 없다고 한다. 다모 폐인이라는 말까지 유행시킨 명대사이다.

회화 310. Are you alright?

"괜찮아?"를 영어로 무엇이라고 할까? 정답은 "Are you alright?"이다. "Are you OK?"라고 써도 좋다. 〈응답하라 1994〉라는 드라마에 한 여자가 "문을 닫으면 페인트 냄새로 머리가 아프고 문을 열면 매연 때문에 가슴이 답답해."라고 이야기한다. 남자는 대부분 페인트 냄새가 더 좋지 않으므로 문을 열어야 한다고 이야기할 것이다. 그러나 여자가 남자에게 원하는 것은 "괜찮아?"라는 공감이다. 남자는 누가 이야기하면 "그래서?"라고 이야기하며 그다음 사실을 궁금해한다. 그러나 여자는 "맞아. 맞아."라고 이야기하며 현재의 사실에 공감한다.

☕ 브레이크 타임

방장에 의해 추방되다.

지금으로부터 20여 년 전에 채팅 사이트에 한번 들어가 본 적이 있었다. 그곳은 주로 20대의 사람들이 대화를 하는 사이트였다. 한 사람이 어떤 글을 올리면 그 주제에 대해 토론하는 것이 중요했다. 나는 이곳에서 '이해하다'라는 단어의 의미에 대해서 이해하는 것은 영어로 'understand'이며 이 말은 'under'라는 단어와 'stand'라는 단어가 합해져서 한 발 아래에 서서 서로 이해한다는 뜻이라고 글을 적었다. 얼마 후 화면 아래 올라온 말은 "방장에 의해 추방되었습니다."였다. 나는 순수하게 영단어의 뜻을 말해주려고 한 것일 뿐인데 아마 방장은 내가 잘난 체를 했다고 생각한 것 같다. 채팅 사이트에서는 너무 아는 체하지 마시기를!

저처럼 방장에 의해 추방당합니다.

회화 311. Is Korea a developed country?

"한국은 선진국입니까?"를 영어로 무엇이라고 할까?

정답은 "Is Korea a developed country?"이다. 선진국은 영어로 'developed country'이다. 발전된 나라라는 뜻이다. 개발도상국은 영어로 무엇이라고 할까? 개발도상국은 영어로 'developing country'라고 한다. 발전하고 있는 나라라는 뜻이다. 그럼 후진국은 영어로 무엇이라고 할까? 후진국은 영어로 'undeveloped country'라고 한다. 발전되지 않은 나라라는 뜻이다. 2021년 25개 주요 선진국의 GDP(국내총생산)에서 한국은 미국, 중국, 독일 영국, 프랑스에 이어 6위(2조 4327억 8,200만달러)에 올랐다. 한국은 이제 명실상부한 선진국의 대열에 들어섰다.

문학작품 312. Amor Fati

Amor Fati의 뜻이 무엇일까? 정답은 운명애(한자)이다. Amor Fati는 영어로는 'love of fate'로 번역할 수 있다. '아모르 파티'는 독일의 철학자 니체의 운명관을 대표하는 용어이다. Amor Fati는 가수 김연자기 2013년에 불러서 지금도 인기 있는 노래 제목이기도 하다.

기적의 1분영어

오늘보다 더 나은 내일이면 돼.

인생은 지금이야.

아모르 파티

아모르 파티

속담 313. Clothes make the man.

"옷이 날개다."를 영어로 무엇이라고 할까? 정답은 "Clothes make the man."이다. 직역하면 "옷은 사람을 만든다"이다. "옷이 날개다."를 "Clothes are wings"라고 영작하면 콩글리시이다. 허름해 보이는 사람도 좋은 옷을 입으면 멋지게 보인다. 여기에서 영단어 clothes는 〔kloðz〕로 발음되고 '옷', '의복'이라는 뜻을 가지고 있다. cloth는 〔klɔːθ〕로 발음되고 '옷감', '천'이라는 뜻을 가지고 있다. 그래서 식탁보를 영어로는 table cloth라고 한다.

회화 314. Do you know the solar system?

"태양계를 아시나요?"를 영어로 무엇이라고 할까?

정답은 "Do you know the solar system?"이다. solar system을 직역하면 태양의 체계라는 뜻이다. 영어 'sun(태양)'의 형용사

는 'solar(태양의)'다. 그럼 'moon(달)'의 형용사는 무엇일까? 정답은 'lunar(달의)'이다. 그럼 이제는 태양계에 있는 별에 대해 알아보자. 수성은 Mercury이다. 소문자로 시작되는 mercury는 수은이라는 뜻도 있다. 금성은 Venus이다. 행성 가운데 하나인 금성을 Gold Star라고 말하면 콩글리시이다. 지구는 Earth, 화성은 Mars, 목성은 Jupiter이다. 로마신화에서 Jupiter는 신들의 왕인 제우스(Zeus)를 의미한다. 토성은 Saturn, 천왕성은 Uranus, 해왕성은 Neptune 그리고 명왕성은 Pluto이다. 2006년 8월 국제천문연맹은 명왕성은 행성이 아니라고 발표했다. 그 이유는 명왕성의 크기가 달 크기의 3분의 2밖에 되지 않고 다른 행성들은 원에 가까운 궤도로 태양의 주위를 도는 데 반하여 명왕성의 공전궤도는 길쭉한 타원의 모양이기 때문이라고 한다.

격언 315. What is done cannot be undone.

"이미 행해진 것은 다시 되돌려질 수 없다."라는 표현을 영어로 무엇이라고 할까? 정답은 "What is done cannot be undone."이다. 영국의 대문호 셰익스피어가 한 말이다. 'what'은 '무엇'이라는 뜻이 아니고 '~하는 것'이라는 뜻이다. 'undo'는 '원래대로 되돌리다'의 뜻이다. 우리가 어떤 일이 잘못되었다고 해서 타임머신을 타고 다시 과거로 돌아갈 수 없다. 내뱉어진 말, 이미 쏜 화살은 다시 되돌릴 수 없다.

☕ 브레이크 타임

가수 송창식의 노래 〈고래사냥〉의 마지막 부분이다.
　자 떠나자 동해 바다로
　삼등 삼등 완행열차 기차를 타고

'동해'의 '海(해)'는 '바다'라는 뜻의 한자이다. 그래서 '바다'를 한 번 더 쓰는 것은 중첩이다. 이 노래 가사는 이렇게 바뀌어야 한다.
　자 떠나자 동해~~로
　삼등 삼등 완행열차 기차를 타고

여행의 5단계 이미지
여행에는 5단계 이미지가 있다. 사람들은 누구나 여행을 떠난다. 그런데 여행의 단계를 자세히 살펴보면 크게 다섯 단계로 나누어진다. 여행의 5단계는 무엇일까? 그것은 바로 '기가현오회'이다.

1. 기대 단계 이미지: 여행 갈 장소에 대한 기대와 설렘

2. 가는 단계 이미지: 버스에 타고 여행지에 가면서 느끼는 이미지

3. 현지 단계 이미지: 현지에서 여행하며 가지는 이미지

4. 오는 단계 이미지: 여행지에서 돌아오면서 갖는 이미지

5. 회상 단계 이미지: 여행지에 갔다 와서 쓴 기행문, 찍은 사진
   들을 보며 회상하는 단계의 이미지

이 다섯 단계는 여행을 관광학적 시각에서 바라보는 기대 단계 5단계설이다. 2015년 1월에 이탈리아로 여행을 다녀왔다. 여행을 가기 전에 로마, 베니스, 나폴리 등에 대해 관심이 있어서 이탈리아 여행에 대한 기대가 컸다(기대단계 이미지). 그래서 장장 12시간이 넘는 비행도 지루하지 않았다(가는 단계 이미지). 현지에 도착해서 이곳 저곳을 여행했다. 피사에 가서 사탑을 들어올리는 장면도 찍으며 즐거운 추억을 쌓았다(현지단계 이미지). 다시 비행기를 타고 오게 되었다(오는 단계 이미지). 한국에 돌아와서 지난 추억들을 회상한다(회상단계 이미지).

한국에 들어와서 강세의 위치가 바뀌는 영어 단어들

대표적인 예가 피아노, 바이올린, 기타, 호텔이다. 이 단어들은 한국에서는 모두 제 1음절에 강세가 있다. 그러나 영어에서는 piáno는 2음절에, violín은 3음절에, guitár는 2음절에 강세가 온다. 만약 한국에서 친구가 "너 피애노 학원 다니니?"라고 물으면 왕따 당할 수 있음에 주의하라.

팝송 316. Wherever you go, whatever you do, I'll be right here waiting for you.

"당신이 어디로 가든지, 당신이 무엇을 하든지 저는 바로 여기에서 당신을 기다리고 있겠습니다."를 영어로 무엇이라고 할까? 정답은 "Wherever you go, whatever you do, I'll be right here waiting for you."이다. 영어 'wherever'는 복합관계부사로 '어디에 ~하든지'의 뜻을 가지고 있다. 미국의 가수 리차드 막스(Richard Marx)의 노래 〈Right here waiting〉에 나오는 가사이다. 한 남자의 순애보적인 사랑을 나타내는 멋진 노래이다.

명언 317. I woke up to find myself famous.

"잠에서 깨어보니 내가 유명해진 것을 발견했다."라는 말을 영어로 무엇이라고 할까? 정답은 "I woke up to find myself famous."이다. 이 문장에서 'to find'를 문법적으로 이야기하면 부정사의 부사적 용법 가운데 결과를 의미한다. 이 문장을 "내가 유명해진 것을 발견하기 위해 잠에서 깨어났다."라고 번역하면 이상한 해석이 된다. 일어나 보니 유명해진 것이지 유명해지기 위해 일어나는 것은 아니다. 영국의 낭만주의 시인 로드 바이런(Lord Byron)은 어느 날 잠에서 깨어보니 자신이 유명해진 것을 발견했다. 나도 잠에서 깨어보니 유명해진 것을 발견할 날을 꿈속에서라도 꿈꾸어본다.

단어 318. education

'education'을 우리말로 무엇이라고 할까? 정답은 '교육'이다. 영어 'education'은 라틴어 'educo'에서 나온 말로 '(인간의 잠재능력을) 끄집어내다'라는 뜻이다. 세계적인 물리학자인 아인슈타인도 수학, 과학 이외의 과목에서는 낙제를 맞은 적이 있다. 자신의 잠재력을 발전시켜 그 잠재력이 향상되도록 노력하는 것! 그것이 바로 교육이다.

사람들이 많이 먹는 음식 중에 닭다리가 있다. 그럼 닭다리를 영어로 뭐라 할까? 닭다리는 영어로 drumstick이라고 한다. 닭다리 모양이 북의 막대기 모양처럼 생겼다 해서 붙여진 이름이다. 길고 가느다란 조각은 strip이라고 한다.

참외는 영어로 melon이라고 한다. 그러면 수박은 영어로 무엇이라고 할까? water melon이다. water melon은 직역하면 물이 들어간 참외이다. 수박에는 수분이 많고 단 맛이 나기 때문에 영어로 수박은 water melon이라고 한다.

단어 319. touch-me-not & forget-me-not

봉선화를 영어로 무엇이라고 할까? 봉선화는 영어로 touch-me-not이라고 한다. 직역하면 '나를 만지지 마라'이다. 봉선화를 한자로 함수초(含羞草)라고도 한다. 함수초(含羞草)란 부끄러움을 머금은 풀이라는 뜻이다. 가수 현철의 노래 〈봉선화 연정〉은 이렇게 시작한다.

손 대면 톡 하고 터질 것만 같은 그대

봉선화라 부르리.

손 대면 톡 하고 터지니 만지면 안 되는 것이 봉선화이다. 그럼 물망초는 영어로 무엇일까? 물망초는 영어로 'forget-me-not'이다. 직역하면 '나를 잊지 말아요'이다. 물망초를 한자로 쓰면 '勿忘草(물망초)'이다. 한자 '勿(물)'은 '~하지 마라'는 뜻을 나타내는 금지사이고 한자 '忘(망)'은 잊는다는 뜻이고 한자 '草(초)'는 '풀'이라는 뜻이다.

단어 320. hit and run driver

뺑소니 운전수를 영어로 무엇이라고 할까? 뺑소니 운전수는 영어로 'hit and run driver'이다. 직역하면 '치고 달리는 운전수'이다. 'hit and run'은 야구에서 쓰이는 용어이다. 히트앤드런은 글자의 의미 그대로 타자는 치고 주자는 달리는 작전이다. 히트앤드런의 목적은 누상의 주자를 안전하게 진루하게 하는 데 있다. 이 작전은 타자가 투수의 공을 친다는 전제하에 누상의 주자가 진루하는 것이기 때문에 타자는 반드시 공을 쳐야 한다. 히트앤드런은 병살타를 방지하고 타자가 안타를 칠 수 있는 공간을 넓게 하기 위한 것이다. 병살타란 영어로는 double play라고 하는데 두 명의 선수가 동시에 아웃되는 것을 말한다. 야구에서 치고 달리는 작전은 좋지만 운전수는 사람을 치고 달리면 뺑소니범이 된다. 뺑소니범이란 교통사고를 낸 후에 적절하게 조치를 취하지 않고 도망가는 사람을 말한다. '뺑소니범'은 영어로 'a hit-and-run criminal'이라고 한다. 'criminal'은 '범죄자'라는 뜻이다.

명언 321. All good poetry is the spontaneous overflow of
powerful feelings.

"All good poetry is the spontaneous overflow of powerful feelings." 이 표현을 우리말로 무엇이라고 할까? 정답은 "모든 훌륭한 시는 힘 있는 감정의 자발적인 흘러넘침이다."라는 뜻이다. 영국의 낭만주의 시인 윌리엄 워즈워드(William Wordsworth)의 말이다. 중국의 낭만시인 이백은 「春夜宴桃李園序(춘야연도리원서)」에서 "무릇 따뜻한 봄이 아지랑이 낀 경치로 나를 부르고 대자연이 나에게 글을 쓰게 하는 문장력을 빌려주었다."라고 말했다. 워즈워드는 시를 쓰기 위해서는 음악의 신인 뮤즈(Muse)가 시인에게 영감을 준다고 생각했고 이백은 대자연이 시인에게 글을 쓸 수 있는 힘을 준다고 생각했다. 워즈워드와 이백 모두 영감설(靈感, inspiration)을 중시한 시인이다.

☕ 브레이크 타임

태국어와 캄보디아어의 차이

캄보디아에 가면 글자들이 태국어와 비슷해 보인다. 가이드에게 태국어와 캄보디아어의 차이가 무엇인지 물어보았다. 그러자 그가 이렇게 말했다. "방 안에 새우깡을 뿌려 놓으면 태국어이고 그 새우깡을 밟고 넘어지면 캄보디아어예요." 한마디로 캄보디아어가 태국어보다 더 흘림체라는 뜻이다.

재미있는 가게 이름

1. 재미있는 삼겹살집: 돈 워리 비 헤비(Don't worry. Be heavy. 여기에서 豚(돈)은 돼지이다)

2. 재미있는 오프집: 몽마르지('목마르지'의 불어식 발음)

을씨년스럽다

먼저 을사년은 을사보호조약(1905)이 이루어진 해를 말하고 마음이나 날씨가 어수선하고 흐린 것을 을사년스럽다고 했는데 이것이 변하여 을씨년스럽다가 되었다.

골덴 바지의 유래

골덴 바지의 골덴은 영어의 'cording, 즉 (직물을) 골지게 짜기 또는 골지게 짠 직물을 의미하는 단어를 일본식으로 발음한 것이다. 하지만 영어에서는 corduroy(코더로이)라는 단어를 사용한다.

다꾸앙의 어원

단무지를 뜻하는 말로 일본의 대선사 다꾸앙(たくあん) 스님이 쌀겨와 소금으로 무를 절이고 버무린 다음 항아리에 담아서 익힌 후 먹은 데서 유래했다.

리바이스의 어원

리바이 스트라우스라는 사람은 광부들이 입기에 잘 찢어지지 않고 튼튼한 청바지를 만들기 위해 텐트로 청바지를 처음 만들었다. 리바이스 청바지라는 이름은 그의 이름을 딴 것이다. 그의 회사 이름 또한 그의 이름을 약자로 삼아 Levi's라고 했다고 한다.

단어 322. charisma

"그는 카리스마가 있다."라는 표현을 많이 쓴다. 그럼 '카리스마'의 정확한 뜻은 무엇일까? 카리스마는 예언이나 기적을 나타낼 수 있는 초능력 또는 절대적인 권위를 뜻한다. 원래 이 단어는 신의 은총을 뜻하는 그리스어인 'Khárisma'에서 유래되었다고 한다. 현대적 개념에서는 대중을 잘 따르게 하는 능력이나 자질을 의미한다. 독일의 사회학자인 베버가 지배의 세 가지 유형에 대해 1) 합리적 지배 2) 전통적 지배 3) 카리스마를 이야기하면서 이 용어가 일반화되었다. 난센스 퀴즈 나간다. 카리스마의 반대말은 무엇일까? 정답은 '칼없으마'이다. 3초 안에 못 웃는 사람은 센스가 없는 사람이다.

 카리스마('칼 있으마'와 발음이 유사함) ↔칼 없으마

회화 323. This picture reminds me of my mother.

"이 사진을 보면 엄마가 생각난다."를 영어로 무엇이라고 할까? 정답은 "This picture reminds me of my mother."이다. 영어 문법에서 'remind A of B'는 'A에게 B를 생각나게 하다'라는 뜻을 가지고 있다. 이 문장에서 remind에 밑줄을 긋고 remind 다음에 나오는 me

기적의 1분영어

를 괄호로 묶고 대문자 A를 쓰고 of에 밑줄을 긋고 my mother를 괄호로 묶어서 대문자 B를 써라. 그러면 remind A of B의 구문이 된다. 예전에 MBC 방송에서 제작하고 방영한 군인들을 대상으로 한 TV 프로그램 가운데 〈우정의 무대〉가 있었다. 이 프로그램에서는 어머니가 군대에 있는 아들을 찾아와서 어머니의 얼굴을 보여주지 않고 목소리만으로 아들이 어머니를 찾는 내용이었다. 아들이 어머니와 만나서 포옹하는 장면에 이 노래가 흘러 나왔다. 작은 별 가족이 부른 노래다.

〈그리운 내 어머니〉

엄마가 보고플 땐 엄마 사진 꺼내 놓고
엄마 얼굴 보고 나면 눈물이 납니다.

어머니는 군대에 있을 때 더 그립다. 군대에서는 '어'로 시작되는 말만 들어도 눈에서 눈물이 폭포수처럼 흘러나왔다. 내가 군대에 있을 때 나의 어머니는 55세에 갑자기 뇌출혈로 돌아가셨다. 그래서 지금도 어머니가 그립다. 어머니는 예나 지금이나 영원한 그리움이 대상이다.

노래 324. You are a person who gives me happiness.

"그대 내게 행복을 주는 사람"을 영어로 무엇이라고 할까? 정답은 "You are a person who gives me happiness."이다. 선행사(관계대명사 앞에 나온 명사)가 사람이고 관계대명사 다음에 동사가 나오면 관계대명사 who를 쓴다. 가수 김현철의 노래 〈그대 내게 행복을 주는 사람〉에 이런 가사가 나온다.

내가 가는 길이 험하고 멀지라도
그대 내게 행복을 주는 사람

인생길에서 나와 함께 기쁨과 슬픔을 나누는 사람이 있다는 것은 정말로 행복한 일이다.

단어 325. PEN Club

'PEN Club'은 무슨 단어의 약자일까?

정답은 'Poets, Playwrights, Editors, Essayists and Novelists'이다. 직역하면 '시인들, 극작가들, 편집자들, 수필가들, 소설가

들'이다. 흥미로운 것은 이들은 문사(文士)들이기 때문에 PEN Club 이면서 pen을 쓰는 클럽이기도 하다. 문학을 통한 상호 이해의 촉진과 표현의 자유 옹호를 위해 1921년 영국 런던에서 설립된 단체로 현재에도 활발히 활동하고 있는 단체이다. pen을 쓰면서 많은 fan을 가진 PEN Club은 정말 멋진 단체이다.

단어 326. pun

'언어유희(言語遊戲)'를 영어로 무엇이라고 할까? 정답은 'pun'이다. '언어유희'란 동음이의어나 각운 등을 이용해서 재미있게 만드는 표현을 말한다.

*일산은 안개에 싸이고~^^*
*황희는 추억에 잠기고~^^*
동틀 녘 해맞이 풍경
안개 바다를 헤집고 솟아오르는
아침 해가 힘차다
페친님 모두~,
日日是好日~

내가 대학원에서 한문학을 공부하며 알게 된 박 박사님께서 멋진 사진과 멋진 글을 올리셨다. 나와 박사님 사이에 댓글이 오고 갔다.

나: 송순의 〈면앙정가〉에 나오는 시조의 "강산은 들일 데 없어 둘러두고 보리라"라는 종장이 떠오르네요. 차경 끝내줍니다. 운해루(雲海樓, 구름바다 누각)에 사십니다. 아파트 자랑하시려고 하신 것 같은데 ㅎ

박사님: ㅋㅋㅋㅋ~~^^ 천당 아래 분당을 놔두고 자랑이 되겠습니까?

나: 운산 위에 일산입니다. 한 편의 수채화입니다. "화중유시(그림 속에 시가 있다)." 시상(詩想)이 막 떠오르실 듯. 멋집니다.

박 박사님: 걍, 청산 아래 일산~~^^ 혼자 보기 아까워… 감사 감사~~

'천당 아래 분당, 청산 아래 일산'이 바로 언어 유희(pun)이다.

명언 327. Adversity is like a strong wind.

"역경은 강풍과도 같다." 이 말을 영어로 어떻게 표현할까? 정답은 "Adversity is like a strong wind."이다. 아더 골든(Arthur Golden)이 한 말이다. 사람은 역경에 처할수록 더욱 더 강해진다. 순풍만 겪어본 사람은 한 번 역경에 빠지면 그곳에서 헤어 나오기가 쉽지 않다. 그러나 힘든 역경을 겪어본 사람은 역경에 대비할 방어막을 형성할 수 있는 것이다.

단어 328. grass character

'草書(초서)'를 영어로 무엇이라고 할까? 정답은 'grass character'이다. 직역하면 '풀 글자'이다. '초서'란 한자 서체의 종류 중 문자를 흘려 쓴 서체이다.

초서를 다른 말로 'cursive script'라고도 한다. 직역하면 필기체 글씨이다. 초서는 영어의 필기체처럼 한자를 이어서 쓰는 글씨이다. 글씨를 흘려 써서 읽기 어렵기 때문에 일반화되지는 않았지만 변화가 풍부하고 빨리 쓸 수 있어서 편지글이나 예술 작품 등에 많이 쓰이고 있다. 일본어의 히라가나는 초서의 변형이라고 할 수 있다. 초서를 잘 이해하는 것은 또 다른 언어를 공부하는 것과 같다.

부록

단어	chicken soup	삼계탕
관용적 표현	You have butter fingers.	너는 사고뭉치이다.
용어	brand loyalty	상표 충성도
관용적 표현	He was born with a silver spoon in his mouth.	그는 부잣집에서 태어났다.
관용적 표현	He is an oyster.	그는 말수가 적은 사람이다.
회화	You have an eye for fashion.	너는 패션에 대한 안목이 있어.
격언	To know is one thing, to teach is another.	아는 것과 가르치는 것은 별개이다.
문학 작품	With love's light wings did I o'erperch this wall.	사랑이라는 가벼운 날개를 달고 이 담장을 사뿐히 뛰어 넘었소.
격언	Don't judge a book by its cover.	겉모습으로 사람을 평가하지 마라.
격언	Spare the rod, spoil the child	매를 아끼면 아이를 망친다.

격언	A watched pot never boils.	지켜보는 주전자는 결코 끓지 않는다.
속담	Like father, like son	부전자전(父傳子傳)
회화	Please give me a break.	한 번만 봐주세요.
회화	I owe what I am to my wife.	지금의 나는 아내의 덕분이다.
격언	No cross, no crown	고통이 없으면 영광도 없다.
회화	Dinner is on me.	저녁은 제가 쏠게요.
사자성어	Acting arrogantly through borrowed authority	狐假虎威(호가호위)
속담	A guilty conscience needs no accuser.	도둑이 제 발 저린다.
사자성어	Those who lie down with dogs will get up with fleas.	近墨者黑(근묵자흑)
명언	I think, therefore I am.	나는 생각한다. 고로 나는 존재한다.
관용적 표현	He shot the moonlight.	그는 야반도주했다.

한자성어	We never meet without parting.	會者定離 去者必反 (회자정리 거자필반)
격언	Fools rush in where angels fear to tread.	하룻강아지 범 무서운 줄 모른다.
속담	Like a bolt out of the blue	아닌 밤중에 홍두깨
회화	Time heals all wounds.	세월이 약이겠지요.
회화	Female characters play active roles in that movie.	여성 주인공들이 그 영화에서 적극적인 역할을 한다.
회화	What is the weather like today?	오늘 날씨가 어때요?
용어	daily bread	일용할 양식
용어	maze, labyrinth	迷路(미로)
용어	synesthesia	공감각
회화	You stole my heart.	당신이 내 마음을 훔쳤어요.
용어	golden parachute	황금 낙하산

회화	First come, first served.	선착순
사자성어	By searching the old, learn the new.	溫故知新(온고지신)
약어	ASMR	자율감각 쾌락반응
회화	Bring yourself.	몸만 오세요.
명언	Health is worth more than learning.	건강이 배움보다 더 가치가 있다.
격언	However humble it may be, there's no place like home.	아무리 초라하다 할지라도 집과 같은 곳은 없다.
문학작품	The stars never rise but I feel the bright eyes of beautiful Annabel Lee.	별이 뜰 때면 나는 항상 아름다운 애너벨 리의 밝은 눈동자를 떠올린다.
회화	Spring is just around the corner.	봄이 가까이 왔다.
속담	Hunger is the best sauce.	시장이 반찬이다.
속담	It never rains but it pours.	왔다 하면 장대비다.

속담	A little knowledge is a dangerous thing.	선무당이 사람 잡는다.
용어	amphibian	양서류
회화	I'd like to open an account.	통장을 하나 개설하고 싶은데요.
회화	It is no use crying over spilt milk.	엎질러진 우유에 대해 울어봐야 소용없다.
문학작품	Life's but a walking shadow, a poor player.	인생은 걸어 다니는 그림자, 서투른 연극 배우
속담	Out of sight, out of mind	시야에서 멀어지면 마음에서 멀어진다.
약어	MRI	자기공명영상법 (磁氣共鳴映像法)
회화	A dragon is an imaginary animal.	용은 상상의 동물이다.
약어	UNESCO	국제 연합 교육 과학 문화 기구

속담	A rolling stone gathers no moss.	구르는 돌에는 이끼가 끼지 않는다.
회화	Let's call it a day.	오늘은 이걸로 마치죠.
속담	Stabbed in the back	믿는 도끼에 발등 찍힌다.
격언	Let bygones be bygones.	지나간 일은 지나간 대로 내버려 둬라.
한자 성어	Know yourself and understand your enemy and your victory in any battle will not be in jeopardy.	知彼知己, 百戰不殆 (지피지기 백전불태) 적을 알고 나를 알면, 백 번 싸워도 백 번 위태롭지 않다.
관용적 표현	He was framed.	그는 누명을 썼다.
관용적 표현	He has his head in the clouds.	그는 비현실적이다.
관용적 표현	I lost track of time.	시간 가는 줄 몰랐어.
관용적 표현	Don't blow your own trumpet	자화자찬(自畵自讚) 하지 마.

관용적 표현	I bought the house for for a song.	나는 그 집을 헐값에 샀어.
팝송	You raise me up.	당신은 나를 성장 시킨다.
격언	Every rose has its thorn.	완전무결한 행복은 없다.
격언	In unity there is strength.	뭉치면 살고 흩어지면 죽는다.
회화	Don't bother.	그럴 필요 없어요.
책제목	Those who were born in the 1990s are coming..	90년생이 온다.
사자성어	Roses and maidens soon lose their bloom.	權不十年(권불십년)
회화	This is on the house.	서비스로 해드리는 거예요.
문학작품	If you go away, tired of me, I will send you without saying anything.	나보기가 역겨워 가실 때에는 말없이 고이 보내 드리오리다.

단어	big mouth	수다쟁이
격언	If you laugh, blessings will come your way.	웃으면 복이 와요.
회화	How can you be human and behave that way?	어떻게 너는 인간의 탈을 쓰고 그럴 수가 있지?
관용적 표현	I have a frog in my throat.	나는 목이 잠겼다.
한자성어	He who doesn't make a mistake makes nothing.	한 번 실수는 병가지 상사
사자성어	The butterfly effect	一波萬波(일파만파)
관용적 표현	I'm getting cold feet.	나는 겁이 나.
회화	Save for a rainy days.	만약의 경우에 대비해서 저축하라.
문학작품	That which we call a rose, by any other name, would smell as sweet.	장미는 어떤 이름으로 불려도 장미의 향기는 그대로일 것입니다.

문학작품	I have loved him. I do love him. And I will always love him	나는 그를 사랑해 왔고 현재도 나는 그를 진 진심으로 사랑하고 앞으로도 나는 그를 언제나 사랑할 것이다.
책제목	The dream you ordered is sold out.	당신이 주문한 꿈은 매진되었습니다.
회화	He is the last man to tell a lie.	그는 결코 거짓말할 사람이 아니다.
속담	Slow and steady wins the race.	느릿느릿 걸어도 황소걸음
용어	revival & remake	리바이벌 & 리메이크
회화	Don't make a fuss.	소란 피우지 마.
관용적 표현	once in a blue moon	아주 가끔
용어	marketing	판매 촉진
회화	What a shame!	쪽 팔려.
회화	I'm off the hook.	무사히 넘어갔어.
단어	bullfight	투우

격언	No legacy is so rich as honesty.	정직만큼 풍요로운 유산은 없다.
회화	The movie was released last year.	그 영화는 작년에 개봉했어요.
단어	engagement	참여시
팝송	You're the kind of guy that I wanna keep away, but it's all right.	당신은 내가 멀리하고 싶은 종류의 사람입니다. 그러나 괜찮습니다.
관용적 표현	Don't pull my leg.	놀리지 마.
단어	bulletproof / full metal jacket	방탄조끼
회화	Today isn't my day.	오늘은 되는 일이 없는 날이야.
팝송	Bridge over troubled water	험한 세상에 다리가 되어
단어	busking	길거리 공연
시	spring dream	춘몽(春夢)
팝송	You light up my life.	내 인생을 밝혀주세요.

용어	elbow bending	술 마시기
용어	palmistry	수상학(手相學)
문학작품	All is not gold that glitters.	반짝인다고 해서 모두 금은 아니다.
단어	plastic surgery / face lift	성형 수술
용어	a henpecked husband	공처가
문학작품	Man is not made for defeat. A man can be destroyed but not defeated.	인간은 패배하도록 만들어져 있지 않다. 인간은 죽을지언정 패배하지 않는다.
명언	To love someone is to identify with him(her).	누군가를 사랑한다는 것은 자신을 그와 동일시하는 것이다.
회화	My intentions were good.	고의가 아니었어요.
단어	a teahouse of the winter	그 겨울의 찻집
단어	suspense	긴장
단어	present	1. 현재 2. 선물 3. 참석한 4. 주다 5. 발표하다

단어	rain forest	열대우림기후
회화	How would you like your steak?	스테이크 어떻게 해 드릴까요?
회화	I wasn't born yesterday.	나는 바보가 아니다.
단어	ROTC	예비역 장교 훈련단
단어	traffic jam	교통체증
회화	Please leave me alone.	제발 나를 내버려둬요.
회화	I'll miss you.	네가 보고 싶을 거야.
단어	a New Year's bow	세배
회화	Wine is made from grapes.	포도주는 포도로 만들어진다.
회화	I'm up to my ears in work.	일이 산더미처럼 쌓여 있다.
단어	derail	탈선(脫線)
단어	Much expectation, much disappointment	기대가 크면 실망도 크다.
단어	physiognomy	관상학(觀相學)
회화	Traffic was bumper to bumper.	교통이 혼잡했어.

격언	Where there is a will, there is a way.	뜻이 있는 곳에 길이 있다.
회화	You've got a lot of guts.	배짱 한 번 두둑하군.
용어	jinx	징크스
속담	Better a live coward than a dead hero	개똥밭에 굴러도 이승이 좋다.
가곡	O Sole Mio	오 나의 태양
단어	Baggage	짐
단어	a shooting star	유성
회화	I'd like to make a wire transfer.	송금하고 싶은데요.
단어	exchange rate	환율
단어	filial	자손의
약어	et cetera	기타 등등
회화	Where to, sir?	어디로 모실까요?
회화	What brought you here?	무슨 일로 여기 왔니?
회화	When he saw me, he smiled.	그는 나를 보자 미소 지었다.

용어	Virtual Reality(VR)	가상현실
명언	There is no remedy for love but to love more.	더 많이 사랑하는 것 외에 다른 사랑의 치료약은 없다.
단어	moustache, beard, whiskers	콧수염, 턱수염, 구레나룻
단어	option & choice	선택
단어	story & plot	스토리/플롯
단어	chopped noodles of loach	추어 칼국수
영시	The road not taken	가보지 못한 길
명언	We eat to live, not live to eat.	우리는 살기 위해 먹는 것이지 먹기 위해 사는 것이 아니다.
명언	The die is cast.	주사위는 이미 던져 졌다.
속담	Beauty is in the eyes of the beholder.	제 눈에 안경

팝송	If I lose you, baby, there will be no clear skies.	그대여! 만약 내가 그대를 잃으면, 맑은 하늘은 없을 것 입니다.
단어	homesickness	향수(鄕愁)
단어	rainbow	무지개
속담	The pot calls the kettle black.	똥 묻은 개가 겨 묻은 개 나무란다.

스페인어 　　　　철자가 비슷한 영어와 스페인어

단어	영어	스페인어
약국	pharmacy	farmacia
경찰	police	policia
음식점	restaurant	ristorante
비상사태	emergency	emergencia
이탈리아의	Italian	Italiano

단어	Lateral	LA갈비
회화	You're wasting your breath.	말해봤자 네 입만 아플 거야.

용어	mystery shopper	미스터리 쇼퍼(손님으로 가장하고 매장을 방문하여 직원의 서비스나 상품을 평가하고 고객 만족도를 평가하는 일을 하고 있는 사람)
단어	tetrapod	파도나 해일을 막기 위해 방파제에 설치하는 콘크리트 블록
문학작품	The most glorious day hasn't been lived yet.	최고의 날들은 아직 살지 않은 날들
문학작품	I won't dare to kiss you.	감히 키스를 바라지 않겠습니다.
회화	That was a surprising plot twist.	반전이 정말 놀랍더군.
회화	They're like peas in a pod.	그들은 붕어빵이야.
단어	KAPF	한국 예술가 프롤레타리아 동맹

영화명대사	Do you hear the people sing?	민중의 노랫소리가 들리는가?
관용적 표현	He rose in the world.	그는 출세했다.
관용적 표현	I've got a bit of a bone to pick with you.	나 너와 따질 게 좀 있어.
스페인 노래	Besame Mucho.	많이 키스해 주세요.
명언	I will always love you no matter what happens between us.	우리 사이에 무슨 일이 일어난다고 할지라도 나는 언제나 당신을 사랑할 것입니다.
관용적 표현	a snowballss chance in the hell	도무지 가망 없는 일
관용적 표현	I put my foot in my mouth.	제가 큰 실언을 했군요.
관용적 표현	She's a knock-out.	그녀는 정말 예쁘다.
속담	Love me, love my dog.	아내가 귀여우면 처갓집 말뚝 보고 절한다.
단어	꺼삐딴 리(Капитан Lee)	이 대위
명언	Life is C between B and D.	인생은 B와 D 사이의 C이다.

단어	a gravestone tree	비목
노래	around thirty	서른 즈음에
문학작품	He wishes for the cloths of Heaven.	그는 하늘의 천을 기원한다.
회화	There goes my vacation.	휴가는 물 건너갔군
관용적 표현	That movie was a total bomb.	그 영화 진짜 꽝이었어.
회화	neh neh neh boo boo	얼레리 꼴레리
단어	craft beer	수제 맥주
단어	sweet and sour pork	탕수육
단어	self- surrender	자수(自首)
관용적 표현	You have really high standards.	너는 참 눈이 높다.
사자성어	Heaven doesn't give everybody both luck and talent.	角者無齒(각자무치)
관용적 표현	He counted his beads.	그는 기도했다.
명언	Human beings are imperfect until death. So if someone tries to be perfect, he is still imperfect.	인간은 죽기 직전까지 불완전한 존재이다. 그래서 누군가 완벽을 논한다면 그도 아직 불완전한 것이다.

회화	I had my hair cut by a hairdresser.	나는 머리를 잘랐다.
명언	Love sees no faults.	사랑하면 단점이 안 보인다.
회화	My daughter passed the test with flying colors.	나의 딸은 시험을 성공적으로 통과했다.
만화제목	foodie, gourmet	식객(食客)
이론	attribution theory	귀인이론(歸因理論)
명언	Friendship often ends in love, but love in friendship never.	우정은 종종 사랑으로 끝을 맺기도 하지만 사랑은 결코 우정으로 바뀔 수 없다.
단어	reindeer	순록
단어	Enjoyment in untroubled ease	소요유(逍遙遊)
속담	Start off with a bang and end with a whimper.	龍頭蛇尾(용두사미)
사자성어	The bookbinding snaps three times.	위편삼절(韋編三絕)
관용적 표현	I'm head over heels in love.	나는 사랑에 푹 빠졌어.

속담	What's learned in the cradle is carried to the grave.	세 살 버릇 여든까지 간다.
단어	the process of love	사랑의 단계
명언	There are no great people in this world, only great challenges which ordinary people rise to meet.	이 세상에 위대한 사람은 없다. 단지 평범한 사람이 일어나 맞서는 위대한 도전이 있을 뿐이다.
노래 제목	a letter not sent	부치지 않은 편지
회화	Please give well-wishing remarks today.	덕담 한 말씀 해주시죠.
용어	prime time	황금빛 시간
사자성어	Don't be ashamed to inquire of those beneath one.	不恥下問(불치하문)
격언	Stardom comes with a price tag.	유명인은 유명세를 낸다.
명언	Happiness is in the process of pursuit.	행복은 추구하는 과정에 있다.
단어	a black-and-white photograph.	흑백사진

격언	Praise breeds willingness.	칭찬은 고래도 춤추게 한다.
회화	Please propose a toast.	건배 제의 한번 하시죠.
문학작품	Me, Natasha and a White Donke	나와 나타샤와 흰당나귀
단어	fourteen lies of Korea	한국의 14대 거짓말
단어	a man who women like	여자들이 좋아하는 남자
단어	the seven stages of love	사랑의 7단계
회화	Can't take my eyes off you.	당신에게서 눈을 뗄 수가 없어요.
명언	There is no pleasure in having nothing to do; the fun is in having lots to do and not doing it.	할 일이 아무 것도 없는 것은 즐겁지 않다. 할 일이 많은데 안 하고 있는 것이 즐거운 것이다.
문학작품	Life is an umbrella.	삶이란 우산이다.
회화	Do you know the taste of rice puffs?	니들이 뻥튀기 맛을 알아?

이론	ten thousand hour rule	만 시간의 법칙
속담	The sparrow near a school	서당 개 3년에 풍월을 읊는다.
용어	MBTI Myers Briggs	마이어스-브릭스 성격 유형 지표
속담	The belly has no eyes.	금강산도 식후경
노래	We are not getting old but getting ripe gradually.	우린 늙어가는 것이 아니라 조금씩 익어 가는 겁니다.
단어	Mohs' hardness tester	모오스 경도계
이론	three types of an individual's conflict	개인 갈등의 세 가지 전형
단어	the ruling party	여당
단어	biography / autobiography	전기(傳記) / 자서전(自敍傳)
관용적 표현	The nerve of you	간이 배 밖으로 나왔구나.
음악	Ballade Pour Adeline	아드린느를 위한 발라드

속담	Hard work is never wasted.	공든 탑이 무너지랴
회화	I want to meet someone with warm heart.	가슴이 따뜻한 사람과 만나고 싶다.
단어	CSI	범죄 현장 수사
관용적 표현	Don't reinvent the wheel.	소모적인 투자는 하지 마라.
노래	When I touch you, my fingertips warm up.	너를 만지면 손끝이 따뜻해.
드라마 대사	I am a woman who graduated from Ewha Womans University.	나 이대 나온 여자야.
단어	the originator, the father, the founder	시조(始祖)
문학작품	In the morning, threads of silk, In the evening, flakes of snow	朝如靑絲暮成雪 (조여청사모성설) 아침에 푸른 실이 저녁에 흰 눈이 된다.
영화명대사	Chowon's legs are worth a million dollars.	초원이 다리는 백만 불짜리 다리

이론	Broken Window Theory	깨진 유리창의 법칙
회화	Please come and give life to the event.	부디 참석하셔서 자리를 빛내주세요.
명언	A poet is the painter of the soul.	시인은 영혼의 화가이다.
회화	When you feel better, people around you also feel better.	당신이 기분이 좋아지면 당신 주변에 있는 사람들도 덩달아 기분이 좋아진답니다.
명언	The sweetest of all sounds is the voice of the woman we love.	모든 소리들 중에서 가장 달콤한 소리는 우리가 사랑하는 여성의 목소리입니다.
단어	parrot & myna	앵무새, 구관조
회화	He really let himself go.	그는 너무 되는 대로 살았어
영화 명대사	You are the best present God gave me.	당신은 신이 내게 준 최고의 선물입니다.

관용적 표현	He is a clock water.	그는 농땡이꾼이다.
단어	pimple	여드름
단어	OEM	주문자 상표 부착 생산 또는 위탁 생산
단어	ATM	자동 인출기
단어	THAAD	종말 단계 고고도 미사일
단어	voice phishing	보이스 피싱(전화 금융 사기) 전화를 통해 불법적으로 개인 정보를 빼내 범죄에 사용하는 신종 전화 사기수법
회화	He is easily affected by what people say.	그는 팔랑귀이다.
단어	roller coaster	청룡열차
용어	tragic flaw	성격적 결함
노래	Love is like raindrops out of the window.	사랑은 창밖의 빗물 같아요.

회화	I feel laden.	마음이 무겁다.
용어	chick lit	20대 여성 독자를 겨냥한 영미권 소설이나 영화
단어	Any Free Broadcasting	아프리카 TV
사자성어	The best thing is like water.	上善若水(상선약수)
단어	abuse	갑질
회화	He is a penny pincher.	그는 구두쇠야.
격언	Great boast and small roast	소문난 잔치에 먹을 것 없다.
단어	Scenic viewpoint	전망 좋은 곳
회화	Tomahawk steak melts in my mouth.	토마호크스테이크가 입에서 살살 녹는다.
단어	the miracle of the abandoned cave	폐광의 기적
용어	Maslow's hierarchy of needs	매슬로의 욕구 구조
팝송	Oh my love for the first time in my life	오 내 인생의 첫사랑이여.

단어	mondegreen	의미를 알 수 없는 외국어의 전부 또는 일부가 의미를 가진 청자의 모어처럼 들리는 현상
영화 명대사	Good afternoon, good evening and good night	좋은 오후, 좋은 저녁 그리고 좋은 밤
영화명대사	If only	만약 ~라면
회화	You know better than that.	알 만한 사람이 왜 그러십니까?
관용적 표현	South Korea is a dog eat dog business environment.	한국의 비즈니스 환경은 무한 경쟁 상태이다.
단어	three-storied stone pagoda	삼층석탑
속담	Finders keepers, losers weepers.	줍는 사람이 임자
속담	A woman is a weathercock.	여자의 마음은 갈대와 같다.

회화	Don't find another guy.	고무신 거꾸로 신지 마.
회화	When exam season comes around, I wish war broke out.	시험 때가 다가오면 전쟁이 일어났으면 하고 바란 적이 있다.
회화	He got a pink slip.	그는 해고당했다.
회화	Which daughter are you?	몇째 딸입니까?
회화	I wish I were rolling in money.	돈벼락을 맞아 봤으면.
단어	obesity	비만
회화	Chances are good that you will love her.	당신은 그녀를 사랑할 가능성이 높다.
CF	A Bed is not just furniture.	침대는 가구가 아니라 과학입니다.
CF	Man is in the hands of a woman.	남자는 여자 하기 나름이에요.
노래	The train bound for the south	남행 열차
관용적 표현	He has milk on his chin.	그는 아직 풋내기이다.
관용적 표현	You drink like a fish.	너는 술을 엄청 잘 마신다.

단어	a secret royal inspector	암행어사
격언	The wisest mind has something yet to learn.	가장 지혜로운 마음은 계속 무언가를 배울 여유를 가진다.
문학작품	Beauty and the beast	미녀와 야수
명언	This too shall pass.	이 또한 지나가리라.
단어	sonar	음파탐지기
회화	What's your blood type?	혈액형이 뭐예요?
용어	poetic license	시적허용
사자성어	One nail drives out another	以熱治熱(이열치열)
시	If winter comes, can spring be far away?	겨울이 오면, 봄이 멀지 않으리.
격언	Don't put all your eggs in one basket.	계란을 한 바구니에 담지 마라.
약어	KOSPI	코스피: 증권시장에 상장된 상장 기업의 주식 변동을 기준 시점과 비교 하여 작성한 지표

약어	KOSDAQ	코스닥: 한국 증권업 협회 주식시세 자동 통보 체계 국내 장외 등록 주식을 사고파는 시장 한국거래소에 상장된 중소기업과 벤처기업의 주식이 거래되는 시장
회화	Have you had enough?	많이 드셨어요?
회화	I am 60 going on 20.	몸은 60세지만 마음은 20세야.
회화	We compare life to a voyage.	우리는 인생을 항해에 비유한다.
회화	What is Jeju Island famous for?	제주도는 무엇으로 유명한가?
단어	The Haves and the have-nots	가진 자와 못 가진 자
용어	frame novel	액자소설
회화	What a small world!	세상 참 좁네요.

노래	It must have been love.	그것은 사랑이었음에 틀림없다.
드라마	Are you sick? I'm also sick.	아프냐? 나도 아프다.
회화	Are you alright?	괜찮아?
회화	Is Korea a developed country?	한국은 선진국입니까?
용어	Amor Fati	운명애(運命愛)
속담	Clothes make the man.	옷이 날개다.
회화	Do you know the solar system?	태양계를 아시나요?
격언	What is done cannot be undone.	이미 행해진 것은 다시 되돌려질 수 없다.
팝송	Wherever you go, whatever you do, I'll be right here waiting for you.	어디로 가든지 무엇을 하든지 나는 바로 여기에서 당신을 기다리 있을게요.
명언	I woke up to find myself famous.	나는 잠에서 깨어서 내가 유명해진 것을 발견했다.
단어	education	교육

단어	touch-me-not / forget-me-not	봉선화 / 물망초
단어	a hit and run driver	뺑소니 운전수
명언	All good poetry is the spontaneous overflow of powerful feelings.	모든 훌륭한 시는 힘는 감정의 자발적인 흘러넘침이다.
단어	charisma	카리스마
회화	This picture reminds me of my mother.	이 사진을 보면 엄마 생각이 난다.
노래	You are a person who gives me happiness.	그대 내게 행복을 주는 사람
단어	PEN Club	시인들, 극작가들, 편집자들, 수필가들 소설가들 클럽
단어	pun	언어유희
명언	Adversity is like a strong wind.	역경은 강풍과도 같다.
단어	grass character	草書(초서)

저자의 수십 년 동안의 영어 및 인문학 강의 경력을 바탕으로 영어 학습에 대한 흥미를 높이고 적극적인 학습동기를 부여하기 위해 집필된 생동감 있는 영어공부 안내서이다. 영어공부의 필요성에 대한 논리적인 바탕을 제시했을 뿐 아니라 문화의 일부로서 언어공부에 접근해나가는 구체적이고 다양한 예들을 설득력 있게 제시하고 있다. 여유 있는 마음으로 즐겁게 영어공부를 해나갈 수 있는 안내서로 추천한다.

김옥례(한국교통대학교 명예교수)

다양한 장르를 통한 흥미로운 영어 학습 방법 소개서입니다.

김영욱(건국대 사범대학 부속중학교 영어과 교사, 건국대 영어교육과 겸임교수)

공부귀신 장웅상 박사의 새 책 『기적의 1분 영어』는 '어마무시'하게 재미있는 책이다. 재미[滋味]없으면 아무리 좋은 내용이 담겼다고 소문난 책에도 관심조차 가지지 않는 나같이 늙고 낡은 사람은 출판해 주어서 고맙다는 인사를 해야 할 것 같다. 영어박사인 장박사는 내 전공인 한문고전에도 능통하여 "이런 건 영어로 어떻게 표현할까?" 하는 사자성어(四字成語)를 얼음에 박 밀듯 쉽게 표현해 놓았다. 위편삼절(韋編三絶), 용두사미(龍頭蛇尾), 불치하문(不恥下問) 뿐 아니라, '똥 묻은 개가 겨 묻은 개 나무란다,' ' 간이 배 밖에 나왔다', '공든 탑이 무너지랴' 같은 우리

나라 속담들과, " 남자는 여자하기 나름", "돈벼락을 맞아 봤으면", " 고무신 거꾸로 신다".같은 유행어들도 감칠맛 나는 영어 표현을 알려준다. 그래서 나 같은 스튜피드(stupid)도 한번 보고 들으면 기억 속으로 쏘옥 들어와 뇌리에 알알이 박히는 구슬이 백팔 염주보다 더 많은 330여과(顆)나 된다. 이러니 내 어찌 추천의 말 몇 마디를 아낄 수 있겠는가?

김언종(고려대 한문학과 명예교수)

장웅상 박사님의 『기적의 1분 영어』책은 동서양의 문화와 언어를 영어로 잘 표현한 책입니다. 영어를 공부하고 싶어 하는 분들에게 자신 있게 추천하고 싶은 소중한 책입니다.

강나경(경기대 평생교육원 '글로벌 매너와 스피치' 과정 주임교수, 사회학박사)

뇌 과학에 대한 관심이 대단했었다. 뇌 과학자들의 충고도 흥미로웠다. 너무 높은 목표를 설정하지 말고 보다 작은 목표를 여러 차례 달성하는 것이 오히려 좋은 방법이라는 것이다. 60여 년 전 내가 영어를 배울 때에는 문장을 몽땅 외워야 한다고 했다. 모국어도 어리바리하던 시절 영어를 통째로 외운다는 것은 상당히 불가능했다.

장웅상 박사가 일찍 태어났더라면 나의 영어 실력은 탁월했을 것 같다. 단 1분만 투자하라는 『기적의 1분 영어』로 보다 적은 목표를 여러 차례 달성시킬 수 있으니 얼마나 스페셜한가? 초격차도 관심을 끌었다. 멈추지 말고 제대로 하자는 키워드가 있었다. 1분은 아무리 성질이 변덕스럽다 해도 누구나 만만하게 견딜 수 있는 시간이 아닌가? 1분만 정성껏 투자하면 초격차의 러너(runner)가 될 수 있으니 말이다.

음악적 해석도 다양하고 흥미롭다. 뛰어난 음악은 귀를 열어달라고 앵벌이를 하지 않는다. 그러니까 뛰어난 제품은 "제발 나를 사주세요."라고 할 이유가 없다는 것이다. 『기적의 1분 영어』는 이런 패러다임에도 딱 들어맞는 핸드북이다. 지식은 이제 생각하는 재료일 뿐이라고 한다. 때문에 배우는 이들에게 창의적이고 논리적으로 사고하는 능력을 키워줘야 좋은 선생님이라고 칭송한다. 장웅상 박사는 단순 영어전달자가 아니라 영어를 인문, 문화, 예술적으로는 물론 우리나라 속담까지도 패러디하는 영어 만능 코디네이터로 변신하는 것에도 성공했다. 『기적의 1분 영어』의 첫 구매자는 아무래도 나여야 할 것 같다.

배한성(성우, 맥가이버, 컴퓨터 형사 가제트 목소리의 주인공)

"공부에도 때가 있다."라고 하는 말은 정보화시대에 어울리지 않는 말이다. 옛 성현이 이르기를 "배움은 물을 거슬러 올라가는 배와 같아서 나아가지 못하면 뒤로 밀려나게 된다(學如逆水行舟不進則退)."라고 하였다. 사람은 일생을 통해 배워야 한다. 자신이 아무리 많이 배운다 해도 세상에는 언제나 발견해야 할 새로운 세계가 항상 존재 하는 법이다. 그러므로 우리는 일생을 통해 배워도 여전히 초보자에 불과하다. 학문이란 자신이 얼마나 무지한 존재인가를 깨달아 가는 하나의 과정일 뿐이다.

후배 장웅상 박사는 지적 호기심이 매우 충만한 사람이다. 이미 10개의 학위를 갖고도 배우기를 멈추지 않는 호학(好學) 인생이다. 그의 학문적 열정과 지적 호기심의 산물인 『기적의 1분 영어』를 통해 새로운 세상을 만나게 되었다. 배우는 자의 기도는 항상 겸손해야 한다는 것을 깨닫기에 충분한 책이다.

박황희 (고려대 한문학과 강의교수)

恭喜張雄尚博士的《奇蹟的1分鐘英語》出版。在韓國留學時, 身邊韓國人常說只要聽到英文的英字, 就想立刻逃跑。那時唯一一個說英語好玩有趣的人, 正是張雄尚博士。擁有英語博士學位的張雄尚博士, 時常思考韓國人輕鬆學習英語的方法, 以及如何趣味學習英語。這次出版的《奇蹟的1分鐘英語》, 可以說是張雄尚博士30多年來累積的秘訣匯聚而成的英文精華。我要向害怕學習英文的你, 推薦張雄尚博士的《奇蹟的1分鐘英語》。

林侑毅(臺灣政治大學韓國語文學系助理教授;《夢想成真的力量》、《解語之書》等說本韓文書籍中文譯者)

　장웅상 박사의 『기적의 1분 영어』가 출간된 것을 진심으로 축하의 뜻을 전한다. 한국에 유학 갔을 때 영어의 영자만 들어도 당장 도망가고 싶다는 말을 주변 한국인들이 많이 했다. 그 때 유일하게 영어가 쉽고 재미있다고 하신 분이 바로 장웅상 박사였다. 영문학 박사학위를 취득하신 장웅상 박사는 한국 사람들이 영어를 쉽게 배울 수 있는 방법이 없는지, 어떻게 하면 더 재미있게 영어를 배울 수 있는지 항상 고민하신다. 이번에 출간된 『기적의 1분 영어』는 장웅상 박사가 30여 년 동안 축적해 온 노하우로 만든 영어 엑기스라고 해도 과언이 아니다. 영어 공포증이 있는 분들께 장웅상 박사의 『기적의 1분 영어』를 추천해 드린다.

임유의(대만 정치대학교 한국어문학과 조교수,
『꿈꾸는 다락방』, 『언어의 온도』 등 다수 한국서적 중국어판 역자)

　장웅상 박사의 『기적의 1분 영어』는 한 마디로 동서양의 문학과 철학, 그리고 여러 외국어의 융합이다. 노장사상을 전공한 나는 특히 노자와 장자가 쓴 책의 원문을 영역한 선교사 제임스 레게(James Legge)의 영어 하나 하나를 분석하고, 장자의 소요유의 내용을 핵심적으로 설명한 부분에 관심이 갔다.

　멋진 표현이 교양서의 백미다. 장웅상 박사는 10개의 학위를 취득했을 뿐만 아니라, 타로전문심리상담사 자격증과 사주명리학 1급 자격증까지 취득할 정도로 상담심리학 분야의 전문가이기도 하다. 『기적의 1분 영어』는 일반인은 물론, 영어 전공자들에게도 좋은 책이다. 항상 곁에 두고 읽을 수 있는 사랑받는 교양서가 될 것 같다.

박희채(철학박사, 마음디자인학교 대표)

이 책은 다양한 노래와 격언, 문학작품, 속담, 회화, 사자성어, 일반상식 등을 영어로 쉽게 풀이하여 융 복합 상식까지도 얻을 수 있도록 하였다. 장웅상 영문학 박사는 많은 학위와 강의로 유명한 공부 전문가다. 『기적의 1분 영어』를 읽는 순간 다양한 지식과 함께 스토리를 만들 수 있으며, 메타버스(Metaverse)에서도 활용 될 책이다. 영어 정복의 지름길을 찾으시는 분들께 적극 추천한다.

최병준(서울시인대학장/문학박사)

『기적의 1분 영어』는 영어를 너무나 좋아했던 나의 중학교 단짝 친구 장웅상 영문학박사가 쓴 영어 공부의 결정판이다. 책 속 곳곳에서 그의 전공인 비교문학을 스폰지처럼 흡수할 수 있다. 영어를 즐겁게 공부하고 싶은 사람들이 꼭 읽어봐야 할 책으로 강력하게 추천한다.

김영관(신한은행 서인천 지역단장 겸 산곡중앙지점장)

강의를 통해 만났던 경기 천년 공부 장인인 장웅상 박사님의 얼굴은 가을 하늘처럼 깊고 해맑다. 2만 시간 이상의 강의 나눔 정신 때문 아닐까? 하이퍼 시를 잘 쓰는 시인인 그는 2020년 노벨문학상 수상작 루이즈 글릭의 〈눈풀꽃 (snow drops)〉을 통해 첫사랑, 희망의 꽃말을 알려준다. 세계적인 한국의 가수 BTS의 노래 〈다이너마이트〉 통해 '강력한 영향력을 미치는 사람'의 뜻도 알려준다. 셰익스피어의 『로미오와 줄리엣』을 통해 "사랑이라는 가벼운 날개를 달고(with love's light wings)"라는 영어표현을 정리해준다. 가황 나훈아의 노래 〈테스형〉을 통해 'laugh my head off'를 알려준다. 『기적의 1분 영어』가 영어를 사랑하는 모든 청소년과 국민의 품에 안겨 강력하고 선한 영향력을 펼칠 수 있는 다이너마이트가 되기를 소망한다.

이혜준(플로리스트, 시인, 시낭송가, 교수)

중학교에 입학하면서 영어를 배우게 되었고 수험영어를 여러 해 공부했음에도 영어에 자신이 없고 영어 없는 세상에서 살고 싶다는 생각을 자주 한다. 내 생각에 공감하는 사람들이 많을 것이다. 요즘은 태어날 때부터 영어를 배운다고 한다. 수많은 영단어들을 억지로 암기하고 긴 영어 지문을 빠르게 읽고 보기 중에서 답을 고르는 연습을 하면서 영어를 공부하였다. 그래서 영어가 어렵고 부담스럽게 느껴지는 게 아닌가 싶다. 영문학박사를 포함하여 10개의 학위를 보유하고 계시고 공부의 신이라 불리는 장웅상 박사님의 영어책 『기적의 1분 영어』는 우선 재미있다. 다양하고 친숙한 소재를 통해 자연스럽게 영어 공부가 되게 해주는 책이다. 영어 공부에 관한 책인데도 영어 이외에 대중음악, 고전문학, 일본어와 중국어 등 다른 언어까지 배울 수 있는 유익한 책이다. 재미와 유익함이라는 두 마리의 토끼를 잡을 수 있는 책인 『기적의 1분 영어』로 영어 공포증을 극복하기 바란다.

홍남희(변호사)

장웅상 박사님의 책 『기적의 1분 영어』는 그야말로 학문에 있어서의 융합과 통섭의 결정판입니다. 그는 이 책에서 영어를 어떻게 하면 쉬우면서도 깊이가 있는 세계로 들어갈 수 있는지에 대한 이정표를 확실하게 세우고 있습니다.

 이 책은 노벨문학상 수상작 〈눈풀꽃〉과 BTS의 노래 〈다이너마이트〉 뿐만 아니라 어떻게 하면 영어를 잘 할 수 있는지에 대한 방법과 전략을 잘 소개하고 있습니다. 특히 이 책의 5장 '기적의 1분 영어'에서는 영어의 다양한 표현들을 배울 수 있어서 영어의 초급자나 중급자에게도 모두 유익할 것입니다. 장박사님은 그야말로 열 개의 학위를 가지고 다양한 공부를 하신 공부장인이자 박학다식의 면모를 갖추신 분입니다. 『기적의 1분 영어』라는 책을 통해서 영어뿐만 아니라 학문의 다채로운 세계로 들어가는 것은 아주 흥미로운 경험이 될 것입니다.

문준성(『사랑의 끝』(2010), 『에밀리』(2013), 『시간의 중지』(2011)의 저자)

공부의 신이라 불려도 손색이 없는 장웅상 영문학 박사는 열 개의 다양한 학과를 섭렵한 귀재로 새로이 출간되는 『기적의 1분 영어』 책의 내용을 보면 영어의 예에 국문학의 고전이 차용되어 있다던가, 중년의 나이에서는 거리감이 있을 수 있는 BTS의 노래 〈다이너마이트〉를 선택해 분석을 하는 등 신세대의 감정선을 영어로 풀어내어 소통한다. 전작인 베스트셀러 『저절로 읽어가는 영어』에서 영어는 이렇게 배우면 재미있게 배울 수 있다는 메시지를 남겼는데, 『기적의 1분 영어』에서도 더욱 재미있고 위트 있는 내용으로, 영어는 어렵다는 통념을 잊게 하며 쉽게 접근 할 수 있는 내용을 보여줘 영어를 배우려는 많은 사람들에게 큰 도움이 될 것 같다.

김관수(수필가)

영어는 한번쯤은 일생 동안 풀어야 할 과제 같은 존재이다. 특히 나처럼 영어 공부를 놓친 사람에게 장웅상 교수님의 영어 공부 비법은 바쁜 일상 속에서도 틈틈이 공부할 수 있는 배려가 묻어 있다. 실용영어를 유쾌하고 즐겁게 혼자서도 끝까지 해낼 수 있는 안내서와 같은 책이다. 열개의 학위의 내공이 녹아져 담긴 다양한 주제와 영어가 융합되어 어느새 '1분의 기적'을 체험할 수 있다. 영어라는 큰 서사의 줄기를 깨닫게 되는 아! 하는 책이다. 나같은 영포자에게 꼭 필요한 이 책을 통해 영어의 기적을 체험해 보셨으면 한다.

최가혜(매크로코즘 카페 대표)

저자 장웅상 박사님과의 인연은 4년 전으로 거슬러 올라갑니다. 장박사님은 스터디 모임에서 저희 후배들에게 국문학 과목들을 열심히 가르쳐 주셨습니다. 그분이 영문학 박사를 포함하여 열 개의 학위를 소유한 공부의 장인임이 경이로웠고, 그 성실함과 끈기에 탄복했습니다. 많은 시간 동서양의 학문과 공부에 관하여 유익한 토론을 하기도 했습니다.

장박사님이 이번에 내놓은 『기적의 1분 영어』는 전작 『저절로 읽어가는 영어』의 속편 격인 셈이지요. 내용은 더욱더 알차졌고 재미는 배가 되었습니다. BTS의 K-POP에서 나훈아의 2020년 히트곡인 〈테스형〉의 트로트 양념까지, 『춘향전』에서 『로미오와 줄리엣』까지, 동서양 고전을 넘나드는 저자의 박학다식함이 당당히 영어 공부의 재료가 되어 멋진 미슐랭(Michelin) 요리로 탄생했습니다.

이 책은 수험생들의 참고서나, 널리고 널린 일상회화용 도서는 아닙니다. 재미를 붙여 본격적인 영어 공부의 세계로 나아가게 하는 낚시 밑밥 같은 것일 터인데 그 밑밥의 내공이 또한 만만치 않습니다. 이런 분들에게 일독을 거침없이 권해드립니다. 첫째, 경쟁은 패자를 위한 것이라는데 영어에 패배한 경험을 가진 초심자 분들, 둘째, 오랜 공부경력에도 가물거리는 영어의 아지랑이 속에 길을 잃은 분들, 셋째, 칠흑의 어둠 속에서 혀를 빼문 영어의 늪에서 빠져나오고 싶거나 그래야 하는 분들. 힘이란 실재가 아니라 믿음입니다. 오밀조밀한 오솔길에 몰래 숨겨놓은 보석 같은 영어 공부의 밑밥을 찾아가는 재미 또한 영어와의 오랜 벽을 허무는 무기가 될 것입니다. 제가 공부하고 있는 일본어에도 이런 톡톡 튀는 감성의 책이 나왔으면 좋겠네요. 벌써 세 번째 편이 기다려집니다.

이강(방송대 일본학과 4학년)

『기적의 1분 영어』는 장웅상 박사의 학문에 대한 열정이 고스란히 녹아있는 책이다. 시간여행자가 되어 동서고금을 오가는 멋진 영어 여행을 하게 하는 책이다. 단언컨대 이 책은 영어 학습의 최고봉인 바이블(bible)이 되리라고 생각한다.

권보경(갤러리 미셸 관장)

공부의 달인이시며 재능 기부 강의 나눔의 천사이신 사랑하고 존경하는 장웅상 박사님의 『기적의 1분 영어』 출간을 진심으로 축하드리며 주님의 이름으로 축복합니다. 지난번 출간하신 『저절로 읽어가는 영어』를 대학생 막내아들에게 선물해서 읽었더니 그동안 힘들어 하던 영어를 "영어가 너무 재밌고 쉬워요. 다음 책은 언제 나와요?" 하면서 저보다 더 기다리고 있어 저를 깜짝 놀라게 했지요. 『기적의 1분 영어』의 첫 장을 열면서 여러분은 다양한 동서양의 문학작품들을 만나게 될 것이고 장웅상 박사님의 간결하면서 재미있으면서도 심오한 영어의 깊이와 영어를 바라보는 지고한 혜안에 매료되리라 믿어 의심치 않으며 자신 있게 이 책을 추천합니다.

강순구(목사, 시인, 문학박사, 쉴만한물가 발행인)

내가 늘 존경하는 장웅상 박사께서 전 국민이 읽고 최적화로 실용화할 책 『기적의 1분 영어』를 출간하게 되어 너무 기쁘다. 기적이란 그리 먼 곳에 있는 게 아니다. 우리 자신이 기적이고 그 기적을 이끌어내는 것은 좋은 책을 만나서 배우고 익히는 것이다. 나도 이것이 참 기적이라고 믿는 사람 중에 한 사람이다.

　이 책 속에도 다양한 영어공부 방법이 있는데 내가 제일 좋아하고 강추하는 것은 영화 대사다. 영화 〈굿 윌 헌팅〉에서 로빈 윌리암스(숀 맥과이어)가 맷데이먼(윌 헌팅)에게 "What do you wanna do?"라고 묻는 대사가 있다. 바로 이 책은 진심으로 영어공부를 원하는 사람들에게 영어의 맥을 찾는 이정표 같은 가이드북이다. 정도에는 차이가 있지만 곡선의 차이를 넘어선 직선으로 가는 길을 보여주는 책이다. 저자인 장 박사께서는 어떠한 목표가 주어지면 무하마드 알리 같이 '나비처럼 날아서 벌처럼 쏘는' 멀티 플레이어의 강인한 근성이 있는 전무후무한 사람이다. 『기적의 1분 영어』 덕분에 영어의 포로가 될 좋은 기회라고 확신한다. "당신이 진정 원했던, 원하는 것"이 무엇인지 지금 마음에 노크해보라.. 답이 이 안에 다 있다. 거듭 책 출간을 축하드린다.

전하라(시인)

중간 중간 유머와 재치로 영어공부에 대한 지루함을 친근하게 풀어줍니다. 영어만 보면 잠이 드는 사람들에게 이 책을 추천합니다!

전혜정(대학생)

'행복에너지'의 해피 대한민국 프로젝트!

〈모교 책 보내기 운동〉

대한민국의 뿌리, 대한민국의 미래 청소년·청년들에게 책을 보내주세요.

많은 학교의 도서관이 가난해지고 있습니다. 그만큼 많은 학생들의 마음 또한 가난해지고 있습니다. 학교 도서관에는 색이 바래고 찢어진 책들이 나뒹굽니다. 더럽고 먼지만 앉은 책을 과연 누가 읽고 싶어 할까요?

게임과 스마트폰에 중독된 초·중고생들. 입시의 문턱 앞에서 문제집에만 매달리는 고등학생들. 험난한 취업 준비에 책 읽을 시간조차 없는 대학생들. 아무런 꿈도 없이 정해진 길을 따라서만 가는 젊은이들이 과연 대한민국을 이끌 수 있을까요?

한 권의 책은 한 사람의 인생을 바꾸는 힘을 가지고 있습니다. 한 사람의 인생이 바뀌면 한 나라의 국운이 바뀝니다. 저희 행복에너지에서는 베스트셀러와 각종 기관에서 우수도서로 선정된 도서를 중심으로 〈모교 책 보내기 운동〉을 펼치고 있습니다. 대한민국의 미래, 젊은이들에게 좋은 책을 보내주십시오. 독자 여러분의 자랑스러운 모교에 보내진 한 권의 책은 더 크게 성장할 대한민국의 발판이 될 것입니다.

도서출판 행복에너지를 성원해주시는 독자 여러분의 많은 관심과 참여 부탁드리겠습니다.

더 이상 영어를 두려워하지 말자

권선복
(도서출판 행복에너지 대표이사)

영어는 세계공용어로 많은 이들이 배우는 언어입니다. 우리도 어렸을 때부터 꾸준히 영어교육을 받아왔습니다. 그런데도 막상 실전에서는 약합니다. 더듬거리고 부끄러워하고 쉬이 말이 트이지 않습니다. '영어공포증'이 있는 사람도 있습니다. 왜 이런 걸까요?

가장 근본적인 이유는 우선 '영어가 재미없고 어렵다'고 생각하기 때문이라고 여겨집니다.

모든 공부가 늘 재미있을 수는 없겠지마는, 한번 배우고 익히면 우리에게 많은 기회를 제공해 주는 영어공부가 두려움의 대상이 된다는 것은 안타까운 일입니다.

따라서 먼저 영어가 즐거운 것, 배우면 배울수록 흥미로운 것으로 인식되는 것이 1순위 과제일 것입니다.

그런 점에서 본 서 『기적의 1분 영어』는 독자 여러분들에게 영어에 대한 흥미를 제공합니다.

격언, 속담, 사자성어, 관용적 표현, 노래가사부터 문학작품의 구절, 단어부터 회화까지, 우리가 궁금해 할 법한 영어표현들을 총망라하여 소개하고 있습니다. 보는 내내 지루하거나 어렵지 않고, 읽을수록 재미나며 새로운 표현들을 익히는 데 신이 나 책장이 술술 넘어갑니다.

영어가 어려우십니까? 영어를 처음 접하십니까? 그렇다면 본 서를 강력히 추천합니다. 즐기며 공부하는 자를 따라갈 수 없다는 말이 있듯이, 일단 한번 재미가 붙으면 그 속으로 빠져드는 것은 시간문제입니다. 본 서를 통해서 '영어는 배울수록 재밌다'는 생각을 가지게 될 것이며, 구절들을 암기하면서도 공부하기 어렵다는 한숨이 나오지 않을 것입니다. '아하, 이 표현은 이렇게 쓸 수 있구나!' 볼수록 신기하고 얼른 익혀서 일상회화에 적용해 보고 싶을 것입니다.

시중에 많은 영어 교육서가 있지만 본 서는 독보적으로 재밌게 쓰였습니다. 가르침을 주는 책으로서 가장 중요한 것은 일단 '배우고 싶게 만드는' 동기를 부여하는 것인데, 본 서는 그런 의미에서 훌륭히 제 역할을 다하고 있다고 말할 수 있습니다.

때마침 공부하기 좋은 선선한 가을날씨에 접어드는 요즘에 본 서를 출간하게 됨이 매우 시의적절하여 기쁘게 느껴집니다. 부디 많은 독자 여러분들이 영어에 대한 지식이 팡팡팡! 늘어나 더 이상 영어울렁증에 시달리지 않고 자신 있게 영어를 구사할 수 있는 멋진 지식인이 되기를 기원하겠습니다. 모두 행복에너지로 충만하시길 바랍니다!

기적의 1분 영어

초판 1쇄 발행 2021년 11월 1일

지 은 이 장웅상
발 행 인 권선복
편   집 오동희
디 자 인 박현민
전 자 책 오지영
발 행 처 도서출판 행복에너지
출판등록 제315-2013-000001호
주   소 (07679) 서울특별시 강서구 화곡로 232
전   화 010-3267-6277
팩   스 0303-0799-1560
홈페이지 www.happybook.or.kr
이 메 일 ksbdata@daum.net

값 20,000원
ISBN 979-11-5602-920-5   03740

Copyright ⓒ 장웅상, 2021

도서출판 행복에너지는 독자 여러분의 아이디어와 원고 투고를 기다립니다. 책으로 만
들기를 원하는 콘텐츠가 있으신 분은 이메일이나 홈페이지를 통해 간단한 기획서와 기
획의도, 연락처 등을 보내주십시오. 행복에너지의 문은 언제나 활짝 열려 있습니다.